Taking Stock
テイキング・ストック

Stock

ぼくがどうしても手放せない
21世紀の愛聴盤

まえがき

　2020年で最初にラジオ番組を持ってから40年が経ちました。仕事を口実に毎日たくさんの音楽を聴いて、その中から好きなものを他の人と共有するというのはぼくにとって理想の生活です。いまだにその仕事をさせてくれる放送局があること、そして番組を聴いてくれる方がいることが何よりの心の支えです。

　ラジオの仕事を始めたのと同じ1980年に、『ミュージック・マガジン』から初めて年間ベスト・アルバムのリストの提供を頼まれました。それまでは色々な音楽を聴いていても、年末にその年の何がよかったかをたぶん意識したことはなかったと思います。10代から20代前半までは感受性が高いし、お金があまりないので買えるレコードが限られるし、その頃の愛聴盤はいつまでも記憶に深く刻まれています。しかし、音楽業界で働くようになったら耳にする音源の数がそうとう増え、しばらく好きでよく聴いていたアルバムも時が経つとつい忘れてしまうこともあるので、毎年自分のために記録を残すことで実は大変助かっています。

　過去のそういうリストを今振り返って見ると、思い出すことも、意外に感じることも色々あります。80年代前半から半ばはアルバムではなく、シングルの曲を年間ベストに選んでいることが少

なくないです。ラジオでかけてそれで深く印象に残ったわけですが、84年以降、テレビで『ザ・ポッパーズMTV』の放送 が始まった辺りから、ヴィデオの印象が反映されているところがあり、今見るとどうしてこんなものを選んだのかな、と首を傾げてしまうものもあります。ところが、86年を境に突然年間ベストからシングルの姿が消えます。その辺りから CDという新しい媒体が普及し始め、新譜がCDで発売されるようになり、また過去の作品もCDとして復刻される動きが本格的になるので、年間ベストにも新作と並んでCDで初めて手に入れた昔の名盤が現れ始めます。更に87年に「ワールド・ミュージック」というジャンルが誕生し、個人的には特にアフリカの音楽をそれまで以上に聴くようになったことが、リストから分かります。様々な出会いから知った当時の愛聴盤で、最近はほとんど聴いていないけれど、リストで見たら急に聴きたくなる作品も少なくありません。そういうアルバムは、昔からぼくの番組をよく聴いてくれるリスナーの方なら懐かしく感じるかも知れませんが、それ以外の方はおそらくリストを見ても「???」と思うでしょう。いまだに毎年『ミュージック・マガジン』で年間ベストのリストを発表している自分も、他人のリストを

見ても「???」が非常に多くなっています。80年代はまだ、好みが違っても巷で多くの人が聴いているものはだいたい把握できているつもりでしたが、特にインタネットの時代に入ってからは、洪水のような音楽情報について行けなくなって悲鳴をあげているのは多くの方と一緒です。ただ、知らない曲を聴いてみたいという好奇心が湧いた時、今は Spotify などの配信サイトで簡単にチェックできるのがありがたいです。今後、個人同士がそれぞれ好きな音楽を共有するために欠かせない媒体だと思います。2019年にぼくの最初の著書「魂（ソウル）のゆくえ」が新装版になった際（アルテスパブリッシング）、編集者の提案で各章に推薦音源のプレイリストをつけて、それを聴くためのQRコードも載せました。

　さて、この新しい本です。アルバム・ガイドを書いて欲しいと言われ、最初は 生涯最も好きなアルバムとのことでしたが、すでに他の本でも多くの愛聴盤を十分紹介しているので、それではあまり意欲が沸かず悩んでいました。

　そこで思いついたのが21世紀の音楽。数年前、インターFMで『バラカン・モーニング』という番組をやっていた時、60年代や70年代の曲を毎日のようにかけていたのに、番組のプレイリスト

のデータをまとめたスタッフの方から、番組でいちばんかかっているのが 2000年以降の曲だと言われてびっくりしたからです。

　ぼくの好きな21世紀の音楽というと決してチャートの上位に上るようなものではなく、「オールド・スクール」な作品が圧倒的に多いのですが、それはたぶん言うまでもないかな。

　21世紀といっても、まだ始まったばかりではないかと突っ込まれそうです。しかし、ぼくはすでに60代の後半なので、あまり待っていると何があるか分からないのでとりあえず書いてみることにしました。2年かけて『ARBAN』というウェブサイトで連載したコラムをこの形でお届けします。50作のアルバムは執筆した順番のままになっていて、最後に「ボーナス」を2枚追加しました。すでに入手しにくいものもあり、もしこれを読んで興味を持った作品を聴く術がなさそうな場合は、ご遠慮なくぼくの番組にリクエストしてください。

　　　　　　　　　　　ピーター・バラカン

CONTENTS

まえがき ……………………………………………………………………… 2

Chapter 1
21世紀の愛聴盤

1 **Dr. John** ……………………………………………………………………… 12
"Duke Elegant"
じつにゴキゲンでユニークなエリントンへのトリビュート・アルバム

2 **Various Artists** ……………………………………………………………… 14
"Our New Orleans"
ニュー・オーリンズのミュージシャンたちが作り上げた、秀逸なベネフィット・アルバム

3 **Charles Lloyd & The Marvels** ……………………………………………… 16
"I Long To See You"
チャールズ・ロイドの深く複雑な音楽性に触れる

4 **The Derek Trucks Band** …………………………………………………… 18
"Songlines 〔CD〕" + "Songlines Live 〔DVD〕"
デレクのギターから放たれる超越的な精神性と、とてつもない幸福感

5 **Orchestra Baobab** ………………………………………………………… 20
"Specialist In All Styles"
西アフリカの"アフロ・キューバン楽団"の最高傑作

6 **Gotan Project** ……………………………………………………………… 22
"La Revancha Del Tango"
ダブとタンゴとジャズの幸せな融合

7 **Van Morrison** ……………………………………………………………… 24
"Duets: Re-Working The Catalogue"
ヴァン・モリスン入門にもうってつけの「リワーク」アルバム

8 **Michael Franti & Spearhead** ……………………………………………… 26
"Everyone Deserves Music"
ラップというよりリズミックな詩の朗読を思わせるユニークな個性

9 **Amy Winehouse** …………………………………………………………… 28
"Back To Black"
27歳で夭折した天才シンガーの永遠の名盤

10 **Madeleine Peyroux** ……………………………………………………… 30
"Careless Love"
ジャズというカテゴリーにおさまらないすぐれた歌手

11 **John Scofield** ……………………………………………………………… 32
"Piety Street"
スコーフィールドの歌心あふれるプレイに酔いしれる

12 **Nick Lowe** ………………………………………………………………… 34
"At My Age"
深みのあるソングライターになったニック・ロウ

13 **Salif Keita** ·· 36
　"Moffou"
　「Yamore」1曲だけのためだけに買ってもいいと思える名盤

14 **Joni Mitchell** ··· 38
　"Shine"
　もしこれがジョーニの最後のアルバムになったとしても…

15 **Shelby Lynne** ··· 40
　"Just A Little Lovin' "
　シェルビーの解釈の大胆さが光る

16 **Bettye LaVette** ·· 42
　"Interpretations: The British Rock Songbook"
　どんな名曲も生まれ変わらせることができる稀代のシンガー

17 **Jon Cleary & The Absolute Monster Gentlemen** ····················· 44
　"Mo Hippa"
　現在のニュー・オーリンズを代表する "イギリス人" ピアニスト

18 **Kelly Joe Phelps** ·· 46
　"Brother Sinner & The Whale"
　絶品のスライド・ギターが聴ける "静かな名盤"

19 **Jerry González** ·· 48
　"Y Los Piratas del Flamenco"
　ジャズとフラメンコが高度に融合した名盤

20 **Aaron Neville** ·· 50
　"I Know I've Been Changed"
　はちみつがとろりと流れる心地よさ

21 **Hadouk Trio** ·· 52
　"Air Hadouk"
　クールで、ちょっとファンキーで、エクソティック!

22 **Sachal Studios Orchestra** ·· 54
　"Sachal Jazz"
　ジャズやボサ・ノヴァをインド風に料理してみると……

23 **Mose Allison** ··· 56
　"The Way Of The World"
　世の中の不条理を痛快に切るモーズの精神

24 **Ben Sidran** ·· 58
　"Dylan Different"
　素朴な、でも快挙といっていい、ボブ・ディラン・カヴァー集

25 **Rokia Traoré** ··· 60
　"Tchamantche"
　21世紀の多様な可能性を感じさせる "やすらぎの名盤"

26 **Concha Buika** ·· 62
　"Mi Niña Lola"
　アフリカ系フラメンコが見事に表現された愛聴盤

27 **Rhiannon Giddens** ··· 64
　"Tomorrow Is My Turn"
　非常に洗練された、ルーツ・ミュージック

28 **Steinar Raknes** ·· 66
　"Stillhouse"
　何度聴いても飽きない、超ミニマルな音楽

29 **Chris Thile** ··· 68
　"Bach: Sonatas & Partitas, Vol. 1"
　自然と深呼吸する空気感をもった、天才マンドリン奏者によるバッハ

30 **Trio Da Kali & Kronos Quartet** ··· 70
　"Ladilikan"
　西アフリカの伝統音楽家と先鋭的な弦楽四重奏団による歴史的名盤

31 **Steve Winwood** ·· 72
　"Greatest Hits Live"
　もっとメディアにとりあげてほしい、素晴らしいアーティスト

32 **Steve Cropper** ··· 74
　"Dedicated: A Salute to the 5 Royales"
　クロッパーの R&B への愛情がたっぷりつまったアルバム

33 **Ruthie Foster** ··· 76
　"Let It Burn"
　いつか『Live Magic !』に呼びたい筆頭ミュージシャン

34 **AfroCubism** ··· 78
　"AfroCubism"
　土臭さと洗練を兼ね備えた強力なグルーヴ

35 **John Hammond** ·· 80
　"Wicked Grin"
　ジョン・ハモンドの最高作にして、21 世紀ブルーズの傑作

36 **Stanley Smith** ··· 82
　"In The Land Of Dreams"
　繰り返し聴くうちにクセになる、静かな感動を呼び起こす名盤

37 **Various Artists** ·· 84
　"Goin' Home (A Tribute To Fats Domino)"
　超豪華アーティストによる、出来すぎというくらい楽しいアルバム

38 **Allen Toussaint** ··· 86
　"The Bright Mississippi"
　アラン・トゥーサントが初めて取り組んだ、ニュー・オーリンズの「伝統音楽」

39 **Tinariwen** ··· 88
　"Aman Iman – Water Is Life"
　遊牧民族による、素晴らしい「砂漠のブルーズ」

40 **Staff Benda Bilili** ··· 90
　"Très Très Fort"
　たんなる話題性だけで終わらせたくない、魅力あふれるアルバム

41 **Jerry Douglas** ··· 92
　"Traveler"
　ジェリー・ダグラスの "次元の違うドブロ" を聴く

42 **Willie Nelson** ··· 94
　"Last Man Standing"
　"アウトロー・カントリー・ミュージシャン" の矜持

43 **Hudson** ·· 96
　 "Hudson"
　 ジャズをこれから聴いてみたい人にもおススメしたい、クロス・オーヴァーなアルバム

44 **Mavis Staples** ··· 98
　 "If All I Was Was Black"
　 人種差別や不平等などを扱いながらも、あくまでポジティヴな姿勢を崩さないメイヴィス

45 **Ali Farka Touré & Toumani Diabaté** ···································· 100
　 "Ali & Toumani"
　 いつのまにかやみつきになる、極楽気分のアフリカ音楽

46 **Brad Mehldau Trio** ··· 102
　 "Where Do You Start"
　 いつも予想を裏切る、斬新な解釈が面白いピアニスト

47 **Michael Kiwanuka** ·· 104
　 "Home Again"
　 60年代〜70年代のソウル・ミュージックを感じさせる"大物"

48 **Béla Fleck** ··· 106
　 "Throw Down Your Heart"
　 バンジョーのルーツがアフリカにあることを感じさせてくれるアルバム

49 **Ry Cooder** ··· 108
　 "The Prodigal Son"
　 ファンが待ち望んでいた"古き良き"ライ・クーダー

50 **Various Artists** ·· 110
　 "None But the Righteous: Masters Sacred Steel"
　 セイクリッド・スティール・ギターの素晴らしいコンピレイション

51 **Mory Kanté** ··· 112
　 "Sabou"
　 音楽はこんなにも楽しいものだと教えてくれる

52 **Sonny Landreth** ·· 114
　 "Recorded Live In Lafayette"
　 もっと注目されていい、極上のルーツ・ミュージック

Chapter 2
生涯の愛聴盤
All-time Favourite Albums

　 "The Big List" ··· 118

　 "All-time top 50 (submitted to Rolling Stone in 2005)" ·········· 138

あとがき ··· 140

Chapter 1

21 世 紀 の 愛 聴 盤

（収録曲）

1. On The Wrong Side Of The Railroad Tracks
2. I'm Gonna Go Fishin'
3. It Don't Mean A Thing (If It Ain't Got That Swing)
4. Perdido
5. Don't Get Around Much Anymore
6. Solitude
7. Satin Doll
8. Mood Indigo
9. Do Nothin' 'Til You Hear From Me
10. Thing's Ain't What They Used To Be
11. Caravan
12. Flaming Sword

Dr. John
"Duke Elegant"
(Blue Note, 2000)

こちらもおすすめ

Dr. John
"Gumbo"
(ATCO, 1972)

Dr. John
"Desitively Bonnaroo"
(ATCO, 1974)

じつにゴキゲンでユニークな
エリントンへのトリビュート・アルバム

　デューク・エリントンの生誕100年だった1999年に彼へのトリビュート・アルバムがたくさん出たそうです。でも、このアルバムはエリントンの音楽だからではなく、あくまでドクター・ジョンの新作だからということで聴いてみたら、じつにゴキゲンでしかもユニークなトリビュートになっていました。

　エリントンの有名な曲、例えば「Satin Doll（サテン・ドル）」などはホテルのラウンジのようなところで必ず演奏されているあまりにもありきたりな印象で聴く気がしないのですが、ドクター・ジョンが独自のニュー・オーリンズ風味を吹き込んでゆったりとブルージーに歌うとカッコよく生まれ変わります。「It Don't Mean A Thing（スウィングしなけりゃ意味がない）」なんて、ハモンド・オルガンが効いたミーディアム調のファンクで、「チュワッチュワッチュワ、ブギー・ナウ！」ってスパイスを利かせます。

　エリントンの有名な曲が大半を占めていますが、他では聴いたことがないレアな作品を3曲取り上げているのが面白いです。冒頭の「On The Wrong Side Of The Railroad Tracks（線路のあっち側）」はゲットーを肯定するブルーズで、1946年にブロードウェイで上演されたミュージカル『Beggar's Holiday』からの曲です。エリントンが唯一、音楽を担当したミュージカルで、白人と黒人

の男女関係が描かれているため毎晩劇場前で抗議する人がいたそうです。

　続く「I'm Gonna Go Fishin'（釣りに行くんだ）」はやはりファンキーなブルーズで、クレジットはエリントンとペギー・リーとなっています。デュークが1959年の映画『或る殺人』のサウンドトラックのために作ったインストルメンタルの曲にペギー・リーが後から歌詞を付けたもののようです。YouTubeではペギーのヴァージョンもエラ・フィッツジェラルドのヴァージョンもありますが、ドクター・ジョンが歌っている曲とは同じだと思えないほど雰囲気が違います！

　アルバムの最後に入っている「Flaming Sword（燃える剣）」はエリントンが1940年に録音した軽快なラテン風の曲ですが、ドクター・ジョンの解釈ではプロフェッサー・ロングヘアが弾くようないかにもニュー・オーリンズのフレーズが絡み、仮に自分の作曲と主張したとしてもおそらく誰も疑わないはずです。

　『Duke Elegant』はドクター・ジョンのアルバムの中で特に有名な作品ではありませんが、耳馴染のメロディもあるし、長年彼のバックを務めた「Lower 9-11」のメンバーがトレードマークのドクター・ジョン節を粋に支える名盤だとぼくは思います。

（収録曲）

1. Yes We Can Can — Allen Toussaint
2. World I Never Made — Dr. John
3. Back Water Blues — Irma Thomas
4. Gather By The River — Davell Crawford
5. Cryin' In The Streets — Buckwheat Zydeco
6. Canal Street Blues — Dr. Michael White
7. Brother John Is Gone / Herc-Jolly-John
   — The Wild Magnolias
8. When The Saints Go Marching In — Eddie Bo
9. My Feet Can't Fail Me Now
   — The Dirty Dozen Brass Band
10. Tou' Les Jours C'est Pas La Même — Carol Fran
11. L'Ouragon — Beausoleil
12. Do You Know What It Means To Miss New Orleans
    — Preservation Hall Jazz Band
13. Prayer For New Orleans — Charlie Miller
14. What A Wonderful World
    — The Wardell Quezergue Orchestra
    Featuring Donald Harrison
15. Tipitina And Me — Allen Toussaint
16. Louisiana 1927
    — Randy Newman And The Louisiana Philharmonic
    Orchestra With Members Of The New York
    Philharmonic Orchestra

Various Artists
"Our New Orleans"
(Nonesuch, 2005)

こちらもおすすめ

Professor Longhair
"New Orleans Piano"
(Atlantic, 1972)

Various Artists
"Change Is Gonna Come:
The Voice Of Black America
1963-1973"
(Kent Soul, 2007)

『チェインジ・イズ・ゴナ・カ
ム』はアフリカン・アメリカンの
歌手たちによるメッセージ・ソン
グの素晴らしいコンピレイション
盤。ドニー・ハサウェイ、ステ
イプル・シンガーズ、ニーナ・
シモーンなどの名曲の他に、知
る人ぞ知るちょっとレアなものも
あり、ジョージ・パーキンズが
歌う「Cryin' In the Streets」
のオリジナルはちょっとした拾い
物でした。

ニュー・オーリンズのミュージシャンたちが作り上げた、秀逸なベネフィット・アルバム

　今ではもう忘れてしまった方も多いかもしれませんが、2005年8月にニュー・オーリンズを襲ったハリケイン・カトリーナの被害で、40万人もの人たちが避難を余儀なくされました。当時のブッシュ政権の対応もひどく、壊滅的な状況の中でハリケインの被害を受けた人々を支援するためベネフィット・アルバムがいくつか制作されましたが、『Our New Orleans』はその中で最も素晴らしいものです。ニュー・オーリンズの名だたるミュージシャンが参加し、2005年11月に驚くべき早さで発表されました。

　冒頭を飾るのはニュー・オーリンズを代表するアラン・トゥーサント。自分のレコーディング・スタジオが洪水で全滅となった彼はニューヨークへ移り、このアルバムのために吹き込んだのが自作の「Yes We Can Can（イェス・ウィー・キャン・キャン）」。ポインター・シスターズのヴァージョンで70年代に大ヒットしたこれは肯定主義の賛歌とも言える曲で、作った本人が初めて録音したのです。優しさの中に強靭な精神が伝わり、復興への意志が強く現れる演奏です。

　街の象徴となっているダーティ・ダズン・ブラス・バンドは彼らの代表曲「My Feet Can't Fail Me Now（私の足よ、今こそしっかり！）」を再演していますが、ここでやるといつもとは異なるニュアンスを帯びてきます。同じようにニュー・オーリンズの音楽について知らない人でも知っている「When The Saints Go Marching In（聖者の行進）」は、ここでいつもはファンキーなピアノを弾くエディ・ボーがゆったりしたテンポで「聖者たちが行進する時、私もその仲間に入りたい」と歌い、少し物悲しい雰囲気になります。

　「What A Wonderful World（この素晴らしき世界）」はニュー・オーリンズというよりルイ・アームストロングと切っても切れない曲です。ここではニュー・オーリンズの音楽シーンを裏方として支えてきた編曲家のウォーデル・ケゼールグのオーケストラが演奏し、アームストロングの代りにアルト・サックス奏者ドナルド・ハリスンが素直に美しくこのメロディを聴かせます。

　このアルバムのお陰で初めて知ったミュージシャンもいます。特に心を打たれたのがダヴェル・クローフォードです。ピアニストで歌手の彼が歌う自作の曲「Gather By The River（川のそばで集まる）」はほとんど賛美歌のように聴こえるゴスペル的な感じで、静かながらとてもエモーショナルな演奏です。

　ベネフィットとしての効果がどうだったかな。とにかくこの手のアルバムとしてはぴかイチの出来です。

（収録曲）

1. Masters Of War
2. Of Course, Of Course
3. La Llorona
4. Shenandoah
5. Sombrero Sam
6. All My Trials
7. Last Night I Had The Strangest Dream
8. Abide With Me
9. You Are So Beautiful
10. Barche Lamsel

③

Charles Lloyd &
The Marvels
"I Long To See You"
(Blue Note, 2016)

こちらもおすすめ

Chico Hamilton
"Passin' Thru"
(Impulse!, 1963)

The Mystic Revelation of
Rastafari
"Grounation"
(New Dimension, 1972)

チャールズ・ロイドがまだ駆け
出しの60年代初頭にメンバーに
入っていたドラマー、チコ・ハミ
ルトンのアルバムのタイトル曲を
作っています。初期のオーネッ
ト・コールマンを思わせるその
独特のメロディをぼくが初めて
聴いたのは、70年代半ばに出
たディープなラスタ音楽の傑作
『グラウネイション』で取り上げ
られたヴァージョンでした。タイ
トルが「Mabrat」に変えられ
ていたそれをえらく気に入って、
何かの拍子にオリジナルのこと
を知って嬉しい発見でした。

チャールズ・ロイドの
深く複雑な音楽性に触れる

　2018年3月15日に80歳の誕生日を迎えたチャールズ・ロイド。彼は、ぼくが高校生だった1960年代の後半、ピアノにキース・ジャレット、ドラムズにジャック・ディジョネットという新人たちを含むカルテットで、ロックを聴いて育ったぼくらの世代にも響くジャズ・ミュージシャンでした。

　最近もてはやされている「スピリチュアル・ジャズ」の要素をすでにあの頃持っていましたし、その後、長年瞑想を行ってきたこともあってか、彼の演奏からは深い落ち着きを得ることがあります。60年代のフリー・ジャズの流れを汲んでもおり、また、生まれ育ったメンフィス特有のブルーズやゴスペルのルーツも色濃く残っている彼の複雑な音楽性がこのアルバムにぎっしりと詰まっています。

　ここ数年ずっと共に活動しているベイスのルーベン・ロジャーズとドラムズのエリック・ハーランドという優れたリズム・セクションは彼の半分ほどの年齢。彼らの他に二人のギタリスト、ビル・フリゼルとグレッグ・リースを指す今回の「The Marvels（マーヴェルズ）」はロイドにとって初めての組み合わせです。60代のこの二人はそれぞれあらゆるジャンルの音楽を見事にこなす名人で、ビル・フリゼルはジャズ畑で有名ですが、グレッグ・リースは専らスティール・ギ

ター奏者として知られるプレイヤーです。

　全体的にゆったりとしたムードが続き、聴いていると自分の呼吸がゆっくりになっていることに気づくほどです。アルバム・タイトルの "I Long To See You" が歌詞の一節となっている「Shenandoah」ではギターが絶妙に絡み合う中でロイドのテナー・サックスは、エアロン・ネヴィルのようなコブシでソフトに美しく転がります。

　冒頭を飾るボブ・ディランの「Masters Of War（戦争の親玉）」が暗に示唆するメッセージ性が、2曲の黒人霊歌とウィリー・ネルスンがゲストで歌う反戦歌「Last Night I Had the Strangest Dream」にも現れています。ノーラ・ジョーンズがフィーチャーされる「You Are So Beautiful」は止まりそうなほどのスロー・テンポで展開し、じっくりと心に沁みます。

　チャールズ・ロイドのオリジナル曲もあります。フルートで演奏される「Of Course, Of Course」は彼の初ソロ作。「Sombrero Sam」はぼくが彼のことを知るきっかけだった「Dream Weaver」の再録音です。そしてこの美作を締めくくる16分の「Barche Lamsel」はチベットの祈りが基となっていて、目を閉じると頭の中でヒマラヤ山脈のちょっと幻想的なロード・ムーヴィーを想像してしまいます。

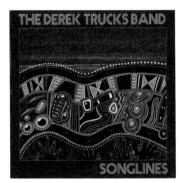

The Derek Trucks Band
"Songlines（CD）" +
"Songlines Live（DVD）"
(Sony, 2006)

（収録曲）

1. Volunteered Slavery
2. I'll Find My Way
3. Crow Jane
4. Sahib Teri Bandi / Maki Madni
5. Chevrolet
6. Sailing On
7. Revolution
8. I'd Rather Be Blind, Crippled & Crazy
9. All I Do
10. Mahjoun
11. I Wish I Knew (How It Would Feel To Be Free)
12. This Sky

こ
ち
ら
も
お
す
す
め

The Derek Trucks Band
"Already Free"
(Victor, 2009)

The Derek Trucks Band
"Live At Georgia Theatre"
(Columbia, 2003)

デレクのギターから放たれる超越的な精神性と、とてつもない幸福感

　一生忘れないような衝撃的な音楽体験はどちらかといえば青春時代に多いものですが、デレク・トラックス・バンドを渋谷のクラブ・クアトロで見た2004年5月20日は自分にとって久しくなかった極楽の2時間でした。「天才のスライド・ギタリスト」という表現では物足りないほど、彼のギターから放たれる超越的な精神性、そしてこのバンド全体のとてつもない幸福感は抜きんでています。当時52歳だったぼくはもっと若ければすべてを投げ打って彼らのスタッフにでもなりたいと思うほど深く惚れ込んだものでした。

　2006年で27歳となったデレクは伯父がオールマン・ブラザーズ・バンドのドラマーということもあって、物心がついた頃からオールマン、エリック・クラプトン、マッド・ドッグズ・アンド・イングリッシュメンなどが日常的に耳に入る少年で、9歳から人前で演奏するようになっていた珍しい例です。ブルーズ、ソウル、ゴスペル、ジャズ、インドの音楽などいくつものジャンルにまたがる活動が続き、このアルバムが出た時はすでにヴェテラン選手でしたが、それまで主にインストルメンタルだったこのグループに正式メンバーとして迎えられたヴォーカルのマイク・マティスンはこの『Songlines』からの参加となりました。

　徹底的に「オールド・スクール」な演奏をするデレクたちは一切コンピューターのお世話にならず、キーボードとフルートを担当するコーフィ・バーブリッジがこなす楽器の中で最も新しいのは70年代に流行ったクラヴィネット。それ以外はハモンド・オルガンとエレクトリック・ピアノが中心なので、21世紀のバンドとは思えないかも知れません。

　しかし感性は斬新で、パキスタンの大歌手ヌスラット・ファテ・アリ・ハーンの持ち歌「Sahib Teri Bandi / Maki Madni」を10分ほどのインストルメンタルのメドレーで演奏したのは画期的でした。この曲のギターと同じくらいにとりわけ感動したのは「I Wish I Knew (How It Would Feel To Be Free)」。ニーナ・シモーンの歌でよく知られるこのゴスペル調の曲のこのアルバムで出会ったヴァージョンで、ぼくは心臓が破裂するのではないかと思うほどデレクのスライド・ギターに感激したのです。

　一時期出ていた国内盤ではアルバム発表後に出たライヴのDVDと2枚組のセットになっていたので、それがいちばんお薦めですが、入手しにくい場合は別々にどうぞ。とにかく名盤です。

（収録曲）

1. Bul Ma Miin
2. Sutukun
3. Dée Moo Wóor
4. Jiin Ma Jiin Ma
5. Ndongoy Daara
6. On Verra Ça
7. Hommage A Tonton Ferrer
8. El Son Te Llama
9. Gnawoe

Orchestra Baobab
"Specialist In All Styles"
(World Circuit, 2002)

こちらもおすすめ

Orchestra Baobab
"Pirates Choice"
(World Circuit, 1989)

Orchestra Baobab
"Tribute to Ndiouga Dieng"
(World Circuit, 2017)

西アフリカの
"アフロ・キューバン楽団"の最高傑作

元々アフリカから奴隷と共に大西洋を渡った文化は、色々な形で新世界で根付きましたが、キューバで育まれた新しいスタイルの音楽は、ジャズ以前のニュー・オーリンズでも人気を博し、その影響はいまだに世界中で続いています。

1930年代ごろからキューバのレコードがアフリカで発売されるようになり、当然ながら最初からアフリカの人たちには馴染みのサウンドでしたが、アフリカ各地のミュージシャンもキューバの音楽を自分たちの解釈を加えたヴァージョンで演奏するようになっていきました。

その中でいちばん有名なのがコンゴの「ルンバ」でしょうが、西アフリカのセネガルでもキューバの音楽が大流行し、最も人気のあるバンドはオーケストラ・バオバブでした。複数のヴォーカリストにギター、ベイス、サックス、パーカションといった編成で、1970年代のダカールの高級ナイトクラブでは彼らの奏でるゆったりとした雰囲気のアフロ・キューバン・サウンドが一世を風靡したものです。

しかし、80年代にもっと激しいダンス・ビートの音楽が台頭するとオーケストラ・バオバブは一度解散に追い込まれます。その後、ワールド・ミュージックが注目される中で彼らの音楽が遅ればせながらヨーロッパで聴かれるようになり、その結果15年ぶりに再結成の運びとなりました。そこで制作されたのがこのアルバム。人気のピークからすでに30年ほど経過していたものの、歌と演奏は見事です。

セネガルのグループとはいえ、周辺の国のメンバーもいて、ギタリストのバルテレミー・アティソはトーゴ出身です。ダカール大学法学部で勉強中の学生だった彼は結成当初からバオバブのメンバーとなり、一時期解散した時はトーゴで法律事務所を始めましたが、再結成で声がかかるとすかさずセネガルに戻って大活躍したのです。

朗々と鳴るイサ・シソコのサックスとアティソのギターの組み合わせにはどこか懐かしい60年代のポップ・ミュージックの響きがあり、このアルバムが発表された2002年にはすでにブエナ・ビスタ・ソシアル・クラブによる古き良きスタイルのキューバン・ミュージックが世界中で親しまれていたこともあり、そのサウンドを発展させた感じもありました。本物のキューバの音楽よりも更にこのバオバブ・ヴァージョンが個人的には大好きで、特にこの作品は名盤だと思います。2003年の来日公演も一生忘れられない幸せな一時でした。

（収録曲）

1. Queremos Paz
2. Época
3. Chunga's Revenge
4. Tríptico
5. Santa Maria (Del Buen Ayre)
6. Una Música Brutal
7. El Capitalismo Foráneo
8. Last Tango In Paris
9. La Del Ruso
10. Vuelvo Al Sur

Gotan Project
"La Revancha Del Tango"
(¡Ya Basta!, 2001)

こちらもおすすめ

Mamani Keita & Marc Minelli
"Electro Bamako"
(EmArcy, 2001)

Issa Bagayogo
"Mali Koura"
(Six Degrees, 2008)

ルーツ・ミュージックとエレクトロニカの混合がぼくの好みに合った例として思い出した2枚です。ママニ・ケイタはマリ人の女性でやや金属的な響きの高い声の持ち主です。相棒のマルク・ミネリはフランス人のDJでトラック・メイカー。ジャズ寄りのとても洒落たサウンドです。やはりマリ人のイサ・バガヨゴはンゴニなどのアフリカの楽器を生かしつつもキーボードや電子ドラムなどを含む編成でゴキゲンなダンス・ミュージックを作っています。

ダブとタンゴとジャズの
幸せな融合

　普通だったらたぶんこのアルバムを聴くことはなかったかも知れません。ぼくはいわゆるクラブ・ミュージックには関心はないし、タンゴというのもいつも気にかけているジャンルではありません。最初に耳にしたのは、ぼくがラジオの世界でいちばん影響を受けたイギリス人のチャーリー・ギレットの番組でした。

　当時ぼくは母親に頼んで、BBCで放送されていた彼の番組をカセットでエア・チェックしてもらって、定期的にまとめて送ってもらっていました。チャーリーはぼくよりエレクトロニカに対する許容量が大きく、時々そういう曲を番組でかけていましたが、ピンと来ない場合が多かったにもかかわらず、これはすぐ心に響きました。

　それからしばらく経ってこのアルバムを企画したフランス人のDJ／プロデューサー、フィリープ・コエン・ソラールが来日した際に彼にインタヴューしました。彼はタンゴにあるアフリカのルーツ（その話を聞いてまず驚きました）に特化したアルバムを作るべく、パリ在住のアルゼンチン人のミュージシャンの演奏と自分の作ったトラックをスタジオで仕上げようとしていたのですが、なかなかうまく行かず、混迷に陥っていた時に突然思いついたのがダブだったと語ってくれました。

　そのダブが魔法の接着剤となりまし

た。例えば「Santa Maria (Del Buen Ayre)」を聴くと、まず不思議なエコーのかかったギターから始まり、タンゴというよりもレゲエに近いノリのパーカッションとベイスが築くグルーヴに、機械的に処理したヴォーカル、そしてバンドネオンの短いフレーズをループにしたリフが現れたり消えたりします。曲の後半ではそのバンドネオンのソロが入りますが、これもタンゴというよりジャズに近い、それまでに聴いたことがない面白いサウンドです。淡々としてあまり派手さはないのですが、一度聴いたらすぐ中毒になりました。

　実はその時点ではとっくにヨーロッパでは大ヒットになっていたのです。アルバム・タイトルは「タンゴの逆襲」といったニュアンスですが、2001年の夏、クラブ・シーンでは何といってもこの作品が話題になったそうです。しかしそんなことを知らなくても、例えばラジオで流れると非常に魅力を発揮する音楽です。ゴタン（タンゴを逆さまにした造語）・プロジェクトのライヴ活動も少しあり、続編も作られましたが、どういうわけかこのアルバムのマジックを繰り返すことはできなかったのです。

(収録曲)

1. Some Peace Of Mind — Bobby Womack
2. If I Ever Needed Someone — Mavis Staples
3. Higher Than The World — George Benson
4. Wild Honey — Joss Stone
5. Whatever Happened To PJ Proby — P.J. Proby
6. Carrying A Torch — Clare Teal
7. The Eternal Kansas City — Gregory Porter
8. Streets Of Arklow — Mick Hucknall
9. These Are The Days — Natalie Cole
10. Get On With The Show — Georgie Fame
11. Rough God Goes Riding — Shana Morrison
12. Fire In The Belly — Steve Winwood
13. Born To Sing — Chris Farlowe
14. Irish Heartbeat — Mark Knopfler
15. Real Real Gone — Michael Bublé
16. How Can A Poor Boy? — Taj Mahal

Van Morrison
"Duets: Re-Working The Catalogue"
(RCA, 2015)

こちらもおすすめ

Van Morrison
"Moondance"
(Warner Bros., 1970)

Van Morrison
"It's Too Late To Stop Now"
(Legacy, 1974)

ヴァン・モリスン入門にもうってつけの「リワーク」アルバム

　ヴァン・モリスンが70歳になる2015年にレコード会社を移籍して、この意欲作を発表しました。過去に30枚以上のアルバムを出してきた彼は自分のことをよく職人のようなものだと語り、「生計を立てるためにレコードを出し続けている」と、今ひとつ夢のない現実的なことを言います。

　その数多く出しているアルバムの中には、ヒットした有名なものもあればコアのファン以外にはほとんど認識されていないものも少なくないので、不幸にして注目されることのなかった良質な楽曲だと本人が思う16曲を選んで、自分の好きな歌手たちとのデュエットの形でもう一度聴いてもらおうというのが、この企画です。

　アルバム・タイトルにある「カタログ」というのは持ち歌の全部を総合的にさす一種の業界用語で、それを「リワーク」とは改めて活用するということです。アルバム・タイトルとしては妙に事務的な感じですが、中身は素晴らしい。

　個人的には昔からヴァンが大好きなのでアルバムはすべて持っていますが、それでもやはり忘れてしまっている曲があります。ここでジョス・ストーンと一緒に取り上げている「Wild Honey」は80年の『Common One』という比較的地味な作品に埋もれていたソウルフ

ルな曲ですが、ヴァンより40歳以上も年下のジョスはコブシを効かせすぎずとても気持ちよく共演しています。

　逆にぼくもヴァンと同様にもっと注目されるべきだと思ったのは「The Eternal Kansas City」でした。77年のあまり評判のよくない『A Period of Transition（過渡期）』という作品の中でひときわ光り輝く曲で、黄金時代のジャズの町を夢見るような内容ですが、この曲の相手に誘われたグレゴリー・ポーターは見事な人選で、後にこの二人による共演のコンサートも開催されるほど相性が良かったようです。

　ボビー・ウォマックやメイヴィス・ステイプルズなどの大御所の他に、ヴァンがデビューした60年代半ばのイギリスで彼と同じようにアメリカのブラック・ミュージックを鋭い感性で消化していたジョージィ・フェイム、スティーヴ・ウィンウッド、クリス・ファーローといった人たちの参加はやはり嬉しいです。またその次世代に当たるマーク・ノプフラーが一緒に歌う「Irish Heartbeat」（83年のオリジナルと88年のチーフタンズとの共演に続く3つ目のヴァージョン）は、抑制した感情表現がしっくり来ます。

　制作の動機はどうであれ、非常に満足感の高いアルバムで、ヴァン・モリスンを知らない人のための入り口としてもお薦めです。

MICHAEL FRANTI AND SPEARHEAD
EVERYONE DESERVES MUSIC

(収録曲)

1. What I Be
2. We Don't Stop
3. Everyone Deserves Music
4. Never Too Late
5. Bomb The World
6. Pray For Grace
7. Love, Why Did You Go Away?
8. Yes I Will
9. Feelin' Free
10. Love Invincible
11. Bomb The World (Armageddon Version)
12. Crazy, Crazy, Crazy

Michael Franti & Spearhead "Everyone Deserves Music"
(Boo Boo Wax, 2003)

こちらもおすすめ

**Spearhead
"Home"**
(Capitol, 1994)

**Michael Franti & Spearhead
"Stay Human"**
(Boo Boo Wax, 2001)

スピアヘッドはマイケル・フラン
ティがずっと率いているグループ
で、この作品にも彼が当然リー
ダーとして関わっています。この
中でとりわけ好きな曲は「Hole
In The Bucket」です。穴の開
いたバケツから水が漏れるとい
うよくある比喩（ハリー・ベラフ
ォンテの有名な曲もあります）
をもじって、ホームレスの人にあ
げるべきかどうか迷っているうち
にズボンのポケットの穴から小
銭が落ちて消えてしまった、と
いう若干寓話的なやさしいラッ
プ調の曲です。

ラップというよりリズミックな詩の朗読を思わせる
ユニークな個性

マイケル・フランティは80年代終盤にデビューしたミュージシャン、といってしまうと若干語弊があるユニークな人物です。ロックもファンクも含むスタイルにはスライ・ストーン辺りの影響も感じられますが、フォークもレゲェもヒップホップも登場し、独自の世界を持っています。ラップというより、とてもリズミックな詩の朗読といったヴォーカルを得意とします。その詩の内容はかなり社会的な主張が多く、リベラルな姿勢ですが、イデオロギーではなく、正義の味方という印象が強い人です。

このアルバムが発表された2003年はアメリカによる全く正義のないイラク戦争が始まった年で、ぼくは絶望的な気持ちになっている時にこれを聴いて救われた思いがしました。当時ラジオで何回もかけた曲は「Bomb The World」です。〈You can bomb the world into pieces, but you can't bomb it into peace〉、つまり爆弾で世界を粉々にすることができても、暴力で世界に平和をもたらすことはできない。極めて真っ当な主張ですが、歌の一行で韻を踏みながら見事に表現したものです。

曲調は柔らかめのロックで、リリカルなギターのフレーズとチェロを強調したストリングズ、ゴスペル風なバック・ヴォーカルが一度でも聴けばすぐに脳裏に焼き付くはずです。後半で繰り返される〈Power to the peaceful〉（ジョン・レノンの言葉をもじって「平和な人々に力を!」）を合唱すればじつに気持ちがよくなるものです。

しかし、残念なことに2003年のアメリカではメディアは全部戦争モードに切り替わっていたので、この曲がラジオで紹介されたとは思えません。マイケル・フランティはその後アクースティック・ギターとヴィデオ・カメラを持ってイラクに旅をし、路上で子供たちに自分の歌を聴かせたり、人々の日常を収めた映像をDVDとして発表しました。

このアルバムでもう一つ特に目立つ曲はタイトル曲の「Everyone Deserves Music（音楽はみんなに等しく値するものだ）」です。社会の底辺で生きる人たちの生活のちょっと気の毒な描写を並べつつ、それでも音楽は宿敵も含めてみんなの心を癒すものだというニュアンスのことが歌われています。白人の母とアフリカン・アメリカンの父の間に1966年に生まれた長身の彼は、迫力あるルックス（長いドレッド・ヘアとか）にもかかわらず歌声そのものにとてもやさしい雰囲気があり、聴いているとほっとする気持ちになります。

(収録曲)

1. Rehab
2. You Know I'm No Good
3. Me And Mr Jones
4. Just Friends
5. Back To Black
6. Love Is A Losing Game
7. Tears Dry On Their Own
8. Wake Up Alone
9. Some Unholy War
10. He Can Only Hold Her

Amy Winehouse "Back To Black"
(Island, 2006)

こちらもおすすめ

Amy Winehouse "Frank"
(Island, 2003)

Sharon Jones & The Dap-Kings "Naturally"
(Daptone, 2005)

『バック・トゥ・ブラック』の約半分でエイミ・ワインハウスのバックを務めているのがブルックリンを拠点とする主に白人の本格的なファンク・バンド、ザ・ダップ・キングズです。彼らがずっと支えていたシャロン・ジョーンズは昔ながらのゴスペルに根ざしたソウル・シンガーで、特にライヴで話題になっていたのですが、癌との闘いに負けて2016年に亡くなりました。このアルバムで聴けるウディ・ガスリの「This Land Is Your Land」のファンク・ヴァージョンは最高！

27歳で夭折した
天才シンガーの永遠の名盤

　ドキュメンタリー映画『Amy』(2016年)を見てから、このアルバムの曲は以前とは響き方が決定的に変わりました。今は「お願いだからリハブ(リハビリ)に行って!!!」と言いたくなりますが、初めて耳にした時の衝撃は忘れられません。「皆がリハブに行けというけど、私は断固お断り、そんな暇があるならレイと過ごした方がよっぽどためになる」。レイとはレイ・チャールズのことで、黄金時代のソウル・ミュージックをヒップホップの時代に甦らせた曲調のカッコよさは格別でした。

　この2作目のアルバム『Back To Black』でエイミー・ワインハウスという歌手をぼくは初めて知りました。後から遡ってデビュー作『Frank』(2003年)を聴くと、彼女が最初はジャズを目指していたことが分かります。高く評価されたにしてもまだこれからという印象のそのアルバムより、そのジャズの感性をソウルや60年代のガール・グループを意識したサウンドで生かしたこのアルバムのインパクトの方が断然強いです。また、ソングライターとしてのエイミの才能が光ります。「You Know I'm No Good」「Tears Dry On Their Own(涙は勝手に乾く)」などは古典的な失恋ソングで、発売当時に23歳だった彼女の成熟ぶりには驚くものがあります。

　残念ながらこのアルバムを作っている時がエイミのピークでした。彼女の心の中がずたずたになっていたからこそ、こんな名盤が生まれたわけで、一度フラれた男とよりを戻した後は彼の影響でどんどんアルコールとドラッグに溺れて行きました。また『Back To Black』が大ヒットしたことが結果的に災いして、パパラッチが彼女の行動をこれでもかというしつこさで追っかけ回すようになった様は『Amy』を見るとショッキングなほどリアルに伝わります。2011年に彼女が27歳で亡くなったという訃報に触れた時、悲しい気持と同時に「ついにこういうことになったか」と感じた人が少なくなかったはずです。

　ぼくが『Amy』の字幕監修をした際、それまで日本ではぼくが想像するほどエイミが聴かれていないと言われ、とても意外でした。それがジャケットによるイメージの影響らしく(タトゥーなど)、そう言われてみると分からなくもないけれど、それではもったいなさすぎます。このアルバムと映画『Amy』をセットにして触れることで、ものすごい才能に恵まれ、またその才能に呪われた普通の女の子の悲劇を多くの方に知って欲しいです。これは間違いなく何十年も通用し続ける作品だと思います。

1. Dance Me To The End Of Love
2. Don't Wait Too Long
3. Don't Cry Baby
4. You're Gonna Make Me Lonesome When You Go
5. Between The Bars
6. No More
7. Lonesome Road
8. J'ai Deux Amours
9. Weary Blues
10. I'll Look Around
11. Careless Love
12. This Is Heaven To Me

Madeleine Peyroux
"Careless Love"
(Rounder, 2004)

こちらもおすすめ

Madeleine Peyroux
"Half The Perfect World"
(Rounder, 2006)

Madeleine Peyroux
"Secular Hymns"
(Impulse!, 2016)

ジャズというカテゴリーにおさまらない すぐれた歌手

　女性歌手でビリー・ホリデイに比較される人は無数にいるので、アルバム評などでそういった文章を見てもいつもマユツバですが、マデリン・ペルーの場合は本当に誰でもそう言いたくなるほど似たところがあります。本人も当然無意識ではないはずです。しかし物真似の類いには聴こえません。気だるさと切ない感じが共通していますが、ビリーのようにメロディを極端に崩すことを、マデリンはしません。

　1996年に出したデビュー・アルバムが話題になりましたが、その後何の説明もなく8年も活動を休止した彼女は、忘れた頃にこの2作目を発表した時には、レーベルもプロデューサーも変わっていました。こちらを手がけたラリー・クラインはベイス奏者でもあり、またジョーニ・ミッチェルの元夫でもある人で、女性ヴォーカリストのプロデューサーとして定評があります。

　彼が集めた一流のミュージシャンは奇抜な演奏をしなくても、聴き手の印象に深く残る素晴らしいサウンドを作っています。特にキーボードを担当するラリー・ゴールディングズのオルガンとエレクトリック・ピアノ、ギターのディーン・パークス、そしてドラムズのジェイ・ベルローズの貢献度が高いです。

　マデリンはあまり作曲をしない歌手で、持っている雰囲気はジャズ寄りですが、色々なジャンルの曲を巧くこなします。ここではレナード・コエンやボブ・ディランの曲の他にハンク・ウィリアムズも取り上げており、ビリー・ホリデイが歌ってもおかしくないスタンダードもいくつか取り上げています。

　タイトル曲「Careless Love」は100年ほど前に遡る一種のフォーク・ソングといっていいもので、ビリー・ホリデイのインスピレイションともなったベシー・スミスのヴァージョンが有名です。そして1曲だけこのアルバムのために書き下ろされた「Don't Wait Too Long」は、ノーラ・ジョーンズの大ヒット曲「Don't Know Why」を作ったジェシー・ハリスがラリー・クラインと共作した曲です。マデリンにぴったりのこの曲は、いまだにどこかで耳にするたびに惚れ惚れしてしまう。

　ある意味で今の時代とは少しずれた感性の持ち主なので、優れたアルバムを作ってもそれほど騒がれないけれど、マデリンは今も地道に活動を続けています。驚くほどシャイな彼女はライヴではリズム・ギターを自分で弾きながら歌いますが、リズム感もよく、洒落た感じです。

John Scofield
"Piety Street"
(EmArcy, 2009)

（収録曲）

1. That's Enough
2. Motherless Child
3. It's A Big Army
4. His Eye Is On The Sparrow
5. Something's Got A Hold On Me
6. The Old Ship Of Zion
7. 99 And A Half
8. Just A Little While To Stay Here
9. Never Turn Back
10. Walk With Me
11. But I Like The Message
12. The Angel Of Death
13. I'll Fly Away

こちらもおすすめ

John Scofield
"That's What I Say: John Scofield Plays The Music Of Ray Charles"
(Verve, 2005)

John Scofield
"Überjam Deux"
(Emarcy, 2013)

スコーフィールドの
歌心あふれるプレイに酔いしれる

　1980年代にマイルズ・デイヴィスのバンドに参加したことで大きく注目されたギタリストのジョン・スコーフィールドはぼくと同い年の1951生まれで、やはり60年代のロックやソウルなどを聴いて育っているので、基本的にジャズ・ギタリストでありながら音色もフレイジングもジャズの語彙に束縛されることなく、ときにはジミ・ヘンドリクスやジェリー・ガルシアからの影響も感じられて自由自在です。

　それにしてもこのアルバムはユニークな企画です。演奏している曲はすべてゴスペルの有名な曲で、一緒にやっているミュージシャンの多くがニュー・オーリンズの人たちなので、ビートはとてもファンキーです。キーボードとヴォーカルを担当するジョン・クリアリーはイギリス生まれですが、長年拠点にしているニュー・オーリンズのスタイルを見事にこなします。ここでは曲によってピアノとオルガンを使い分け、スモークしたようなハスキーな歌声でスコーフィールドのエモーショナルなギターを引き立てています。

　ベイスは元ミーターズのジョージ・ポーター、ドラムズは南アフリカ生まれで70年代にビーチ・ボイズのメンバーだったリキ・ファターが終始好サポートをします。因みにジョン・クリアリーもリキ・ファターもボニー・レイトのツアー・バンド経験者なのですが、ボニーがもしこのアルバムに参加していればぴったりはまったはずです。また3曲だけヴォーカルで参加しているジョン・ブテはニュー・オーリンズでは知らない人がいないけれど、ツアーをしないので一般にはほとんど知られていないとても味のある歌い手です。

　全体的にブルージーなグルーヴを維持し、決して派手な作りではありませんが、スコーフィールドの独特なギター・サウンドが随所に行き渡っています。そして抑制された中にも、ところどころ得意の突拍子もないサイケデリックなフレイズが飛び出してくると、急にのけ反ってしまうような快感があります。かといって、ジョン・クリアリーが歌うラインにピタッと添うハーモニーを弾く時も極めて気持ちがいいです。以前レイ・チャールズへのトリビュート・アルバムも作ったことがあるスコーフィールドは歌心がすごくよく分かるミュージシャンで、そのセンスがこのアルバムで余すところなく発揮されています。

⑫
Nick Lowe
"At My Age"
(Proper, 2007)

〈収録曲〉

1. A Better Man
2. Long Limbed Girl
3. I Trained Her To Love Me
4. The Club
5. Hope For Us All
6. People Change
7. The Man In Love
8. Love's Got A Lot To Answer For
9. Rome Wasn't Built In A Day
10. Not Too Long Ago
11. The Other Side Of The Coin
12. Feel Again

こちらもおすすめ

Nick Lowe
"The Impossible Bird"
(Demon, 1994)

Nick Lowe
"Quiet Please - The New Best Of Nick Lowe"
(Yep Roc, 2009)

深みのあるソングライターになった
ニック・ロウ

パンク・ロック以後のイギリスでエルヴィス・コステロのプロデューサーとして、また自作やロックパイルで「パワー・ポップ」というイメージで語られていたニック・ロウは、次第に深みのあるソングライターとしての顔を見せるようになりました。

1949年生まれの彼はカントリーやロカビリーにも精通していますが、それはおそらくリアル・タイムで体験したものではなく、後からレコードを通じて研究したはずです。しかし、最近は不思議なほどアメリカ南部でかつて作られていた音楽を継承している印象が強く、全く違和感なくその世界を感じさせます。

この辺の音楽は白人が歌えばカントリーになり、黒人が歌うとソウルになる曲がたくさんありますが、ここで聴くニック・ロウはまさにその雰囲気を醸し出します。伝説のソウル歌手ソロモン・バークに書き下ろした「The Other Side Of The Coin」を聴けばそれがよく分かります。

でも、彼は間違いなくイギリス人です。作詞家としての感覚にはイギリス人が得意とする、というか、国民性といった方がいいかも知れない自嘲的な面があり、かなりシリアスな内容の曲でもユーモアが感じられます。アルバム・タイトルの"At My Age"はまさにそういうもので、"もうオッサンなんだから"と

いうニュアンスですが、逆に年相応の奥深さが出ています。"Love's Got A Lot To Answer For（愛は説明責任が重大だ）"の曲名はTシャツを飾ったほどです。

どんな曲もさらりと自然体で、全く力まずに歌いこなすので、聴いた印象は軽いです。編曲は若干古めですし、曲によって柔らかな感じのホーン・セクションがついても全体的に落ち着いた作りです。このアルバムで個人的にいちばん好きな曲は「Hope For Us All」です。ゆったりとしたカントリー・ソウル風のノリで、恋をしたことで周りから変わったと言われる男は「こんなぼくにも好きな人が現れるんだから、皆に希望があるよ」と歌うわけですが、淡々としたこの歌が実にぐっと来ます。

また自分のことをfeckless（主体性のない、無責任）な男だというのですが、こんな形容詞を歌詞で使うのは他に例を知りません。（因みに最近このfecklessという単語は全く関係ないところで物議を醸していました。興味のある方は検索してみてください）。

このところ来日は一人でのギターの弾き語りが多くなったニック・ロウですが、このアルバムの編成で聴きたい！

13

Salif Keita
"Moffou"
(Universal, 2002)

Salif Keita
"Soro"
(Mango, 1987)

Salif Keita, Ambassadeur
International
"Mandjou"
(Celluloid, 1984)

こちらもおすすめ

(収録曲)

1. Yamore
2. Iniagige
3. Madan
4. Katolon
5. Souvent
6. Moussolou
7. Baba
8. Ana Na Ming
9. Koukou
10. Here

「Yamore」1曲だけのためだけに
買ってもいいと思える名盤

　80年代半ばに、だんだんメインストリームのロックに興味を失い、ちょっと迷っていた時期に出会ったのが、ちょうどその頃に国際的に注目を浴び始めていたセネガル、マリ、ギネア辺りの西アフリカのミュージシャンたちでした。

　ユッスー・ンドゥール、サリフ・ケイタ、モリ・カンテの音楽に少なからぬ衝撃を受けたものです。特にマリのサリフ・ケイタは、エッジのある高めの声で、あくまでアフリカのスタイルでありながら最高のソウル歌手のようなインパクトをぼくに与えました。『Soro』という87年のアルバムをよく聴きましたが、シンセサイザーの使い方に違和感もあって、もっと有機的なサウンドで聴けたら更に素晴らしいのに、と思っていました。

　そんなぼくの感覚はもちろん「アフリカ」に対する勝手なイメージを持った白人であるがゆえのものでしたが、それが理屈として分かっても、好みは好みです。90年代にサリフが何度か来日もし、あの声を目の前で聴いたら圧倒されました。サリフを初めて見る人はまずその姿に　度は驚きます。彼はアルビ　ノ（先天性色素欠乏症）なので肌はピンク色で髪の毛は天然で金髪です。そういうことに対して理解がないマリの社会では、サリフは家庭で迫害を受けました。

　13世紀に遡るマリ帝国の創始者の末裔に当たる彼は、音楽活動をやってはいけないという家族の反対を押し切って、まだ十代だった60年代後半に首都のバマコに出ると、たちまち人気バンドのヴォーカリストとして大きく注目されましたが、ヨーロッパをはじめ、世界的に彼のレコードが発表され始めたのはちょうど「ワールド・ミュージック」というジャンル名が広がり出した頃でした。

　その世界デビューから15年も経って、ついにぼくが待ち望んでいた形のアルバム『Moffou（モフー）』が生まれたのです。大手のレコード会社と契約していたサリフのアルバムは、世界的に話題になるように有名なゲストが起用されたりしましたが、レーベルが変わってそういった演出をやめたのがこの作品です。

　使われている楽器はギターやベイスやキーボードですが、ンゴニやコンガでアフリカ的な雰囲気を出して、全体的にオーガニックな感じのアルバムです。何といっても素晴らしいのはオープニングの曲「Yamore」です。やさしいラテン風のパーカションとアコーディオンの演奏に、これこそアフリカの音楽の大きな魅力といえる女性バック・ヴォーカルの反復フレーズに重なるように、サリフの伸びやかな歌がさりげなく滑り出します。そして島国カボ・ヴェルデの歌姫シザリア・エヴォラの低くハスキーな歌が絡み、絶好のデュエットが完成。この1曲だけのためにでも欲しくなる名盤です。

（収録曲）

1. One Week Last Summer
2. This Place
3. If I Had A Heart
4. Hana
5. Bad Dreams
6. Big Yellow Taxi (2007)
7. Night Of The Iguana
8. Strong And Wrong
9. Shine

14

Joni Mitchell
"Shine"
(Hear Music, 2007)

こ
ち
ら
も
お
す
す
め

Joni Mitchell
"Hejira"
(Asylum, 1976)

Joni Mitchell
"Shadows And Light"
(Asylum, 1980)

もしこれがジョーニの
最後のアルバムになったとしても…

　2000年前後にかつてのヒット曲など
をオーケストラ風に再現したアルバムな
どがあったものの、またジョーニ・ミチ
ェルの新作が聴けるとは、正直思って
いませんでした。とっくに音楽業界に嫌
気が差していた彼女はレコードを作るの
をやめて、絵描きとして活動すると宣言
していたからです。

　2007年に64歳となった彼女の声は
若い頃と比べたらかなり低くなっていま
すが、それが逆に年相応の落ち着きを
生み、このアルバムに収録されているそ
うとうきついメッセージ（拝金主義や環
境破壊批判など）の曲によく合うドスの
利いたエッジを与えています。

　70年代半ばにヒット曲を作るのをや
めたジョーニの最も有名な曲のひとつは
「Big Yellow Taxi（ビッグ・イェロー・
タクシー）」です。ゴキゲンな雰囲気と
きれいなメロディに騙された多くのリス
ナーはおそらくこれが環境破壊を痛烈
な皮肉で斬った歌だと気づかずにいたで
しょう。ここではこの曲をもっとミニマル
な感じで再演していますが、本人のリズ
ミカルなギターと気持ちよく跳ねるアコ
ーディオンにもかかわらず、印象は地味
です。また最近のボブ・ディランのよう
に皆がよく知っているあのメロディを大
きく崩しながら歌っているので、逆に頭
の中で昔のヒット・ヴァージョンを想像
しながら聴くものです。

　個人的にいちばん気に入っているの
はアルバムのタイトル曲「Shine」です。
"Let your little light shine"という
繰り返しのフレーズでいう"you"はた
ぶん神だと思います。そんな神の光に
照らされてほしいとジョーニが願ってい
るのは、まるで賭博のようなことを平気
でやるウォール街だったり、引き上げた
網に何も入っていない漁師たち（魚の
乱獲は彼らの責任でもあるでしょう）、
フランケンシュタインのモンスターのよう
に恐ろしい方向に化けてしまった科学技
術、携帯電話で話しながら赤信号をつ
い無視してしまうドライヴァーたち、神
の名の下で行われる大量破壊…などな
どです。

　淡々と並べたこれらのイメージを、シ
ンプルなエレクトリック・ピアノを弾きな
がら歌う彼女は絶望的な世の中に警鐘
を鳴らしつつも、不思議と一筋の希望
も感じさせます。一種の祈りのように聴
こえる曲です。

　残念ながらこの作品に続くものはな
く、2015年の脳動脈瘤のため先が危
ぶまれたジョーニはとりあえず回復はし
ているようですが、この『Shine』が最
後のアルバムとなったとしても十分な内
容です。

⑮
Shelby Lynne
"Just A Little Lovin'"
(Lost Highway, 2008)

（収録曲）

1. Just A Little Lovin'
2. Anyone Who Had A Heart
3. You Don't Have To Say You Love Me
4. I Only Want To Be With You
5. The Look Of Love
6. Breakfast In Bed
7. Willie And Laura Mae Jones
8. I Don't Want To Hear It Anymore
9. Pretend
10. How Can I Be Sure

こちらもおすすめ

Shelby Lynne
"I Am Shelby Lynne"
(Mercury, 1999)

Candi Staton
"Evidence: The Complete
Fame Records Masters"
(Kent Soul, 2011)

バックグラウンドがカントリーというシェルビー・リンはかなりソウル寄りの歌い方が得意な人ですが、元々アメリカの南部ではカントリーとソウル（R&B）の境界線があってないようなものです。子供の頃からラジオでカントリー・ミュージックばかりを聴いていたのでずっと好きだというアフリカン・アメリカンの歌手も多く、キャンディ・ステイトンが若い頃に吹き込んだこのアルバムでは、いかにもカントリーというタミー・タイレルの「Stand By Your Man」をソウルフルに歌い上げます。

シェルビーの
解釈の大胆さが光る

　いかにも1960年代のポップ・ディーヴァという印象のダスティ・スプリングフィールドに対するこの一種のトリビュート・アルバムは、1968年生まれのシェルビー・リンが40歳の時に作ったものです。オリジナルではエモーショナルなバラードになっていた「You Don't Have To Say You Love Me（この胸のときめきを）」や、70年代にベイ・シティ・ローラーズのカヴァーでもヒットした明るいポップ・ソングの「I Only Want To Be With You（二人だけのデート）」も、テンポを遅めにして、余分な飾りのないミニマルな音作りで、徹底的に切なくまとめた作品です。

　シェルビー・リンは17歳の時にアルコール依存症の父親が目の前で母を撃ち殺し、自殺するというトラウマをずっと抱えている人です。彼女の歌にある影の部分はそれと関係しているかも知れません。アラバマ州で育ち、一時期カントリーの世界で活動していたのですが、2000年に発表された彼女の6作目のアルバム『I Am Shelby Lynne』はロックやソウルの要素もあり、すでにデビューから13年が経過していた2001年のグラミー賞で意外にも新人賞を受賞しました。その後コンスタントにアルバムを出していますが、ダントツにこのアルバムが目立つのは曲のよさ、そして解釈の大胆さによるものだと思います。

　もう一つ意外なのは、本人によるとこの企画を提案したのがバリ・マニロウだそうです。音数は少ないですが、録音も素晴らしく、かつてはフランク・シナトラをはじめヴォーカルのレコーディングでは伝説の場所となっているLAのキャピトル・スタジオで、名人級のエンジニアのアル・シュミットとプロデューサーのフィル・ラモーンがシンプルで品のいい音を丁寧に録っています。

　歌にまとわりつくディーン・パークスのギターのバックも、じつに心がこもっています。収録曲10曲のうち、タイトル曲を含む4曲はダスティが1969年に出した『Dusty In Memphis』からの選曲です。なかなか難産だったそのアルバムは当時さほどヒットしなかったものの、今は名盤として語られます。シェルビーのヴァージョンをダスティのと聴き比べると、憧れる歌手からインスピレイションを受けながらもすっかり自分の歌に仕上げている彼女に拍手を送りたくなります。「The Look Of Love」とか、「Breakfast In Bed」なども、他にも取り上げた人が色々いますが、どの曲もシェルビーの解釈が光ります。

Bettye LaVette
"Interpretations:
The British Rock
Songbook"
(Anti-, 2010)

こちらもおすすめ

Bettye LaVette
"Things Have Changed"
(Verve, 2018)

Bettye LaVette
"Thankful N' Thoughful"
(Anti-, 2012)

（収録曲）

1. The Word
2. No Time To Live
3. Don't Let Me Be Misunderstood
4. All My Love
5. Isn't It A Pity
6. Wish You Were Here
7. It Don't Come Easy
8. Maybe I'm Amazed
9. Salt Of The Earth
10. Nights In White Satin
11. Why Does Love Got To Be So Sad
12. Don't Let The Sun Go Down On Me
13. Love Reign O'er Me (Live)

どんな名曲も生まれ変わらせることができる
稀代のシンガー

「英国ロックのソングブックを解釈」というタイトルは確かにその通りです。イギリスのロックの黄金時代から有名なミュージシャンによる主によく知られた曲を選んで、ベティ・ラヴェットがそれを解釈するという趣旨の作品です。しかし、ベティ・ラヴェットという歌手を知らなければこのアルバムの衝撃度は想像できないでしょう。

アルバムのきっかけは2008年に遡ります。ザ・フーを讃える特別なトリビュート・コンサートがワシントンDCのケネディ・センターで行われ、その中で「Love Reign O'er Me」を歌うのにベティが抜擢されましたが、2階席で見ていたピート・タウンゼンドとロジャー・ドールトリーが明らかに度肝を抜かれてしまっている映像が残されています。それを見ると感動せずにはいられません。

ベティ・ラヴェットはそういう歌手です。その後そのコンサートの音楽監督だったロブ・マシスがこのアルバムを企画したわけですが、どんな企画でもどんなプロデューサーでも、ベティは提案された楽曲の中から自分が歌詞に感情移入できるものだけをジャンルとは全く関係なく選曲するのです。それで歌の順番を変えたり、歌詞の一部を入れ替えたりするのですが、ソウル・シンガーの中でも強烈なパワーを秘めたハスキーな声で歌うとどんな有名な曲でも彼女の歌として生まれ変わります。

このアルバムを作った時点でベティは64歳でした。16歳でデビューしたのに様々な不運に見舞われた彼女は2005年にジョー・ヘンリーが手がけた『I've Got My Own Hell To Raise』という作品で注目され、それから定期的にアルバムを発表するようになったのです。誰でも知っている存在とはいえませんが、特にミュージシャンの間では極めて評価が高く、2018年に出た『Things Have Changed』ではボブ・ディランの楽曲を完全に自分のものにしています（本人は「カヴァー」とは言わせません）。

この『Interpretations』ではビートルズ関係の曲を色々取り上げていますが、個人的にいちばんぐっと来るのはリンゴの「It Don't Come Easy」です。リンゴ本人が軽く流す自作曲を聴いても「苦労しないとブルーズは歌えない」という歌詞から何の説得力も感じませんでしたが、テンポを落としてソウル・ブルーズ風に料理したベティの解釈では丸っきり違う曲になります。

アルバムの最後に例の「Love Reign O'er Me」のライヴ・ヴァージョンも収録されています。映像は、YouTubeでどうぞ。バックでギターを弾いているのは実はぼくの弟（Mick Barakan＝Shane Fontayne）です……。

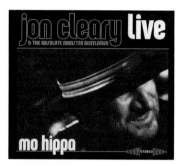

(収録曲)

1. Go To The Mardi Gras
2. People Say
3. C'mon Second Line
4. Tipitina
5. Cheatin On You
6. Port Street Blues
7. Help Me Somebody
8. Groove Me
9. When U Get Back
10. Mo Hippa

Jon Cleary &
The Absolute Monster
Gentlemen
"Mo Hippa"
(FHQ, 2008)

こちらもおすすめ

Jon Cleary
"Occapella"
(FHQ, 2012)

Jon Cleary
"Dyna-Mite"
(FHQ, 2018)

現在のニュー・オーリンズを代表する
"イギリス人"ピアニスト

　ニュー・オーリンズの音楽って、一度好きになるととことんはまっていくものです。ぼくの世代だとだいたいドクター・ジョンの1972年の名盤『Gumbo（ガンボウ）』が入り口になったのですが、そこからミーターズ、アラン・トゥーサント、プロフェッサー・ロングヘアへとつながって行き、気がついたらあの独特のシンコペイションはいまや自分のDNAの一部になっています。

　イギリスで生まれ育ったジョン・クリアリーは、しばらくニュー・オーリンズに住んだ彼のおじが持ち帰ってきた多くのシングル盤に惚れ込んだことがきっかけで、18歳で学校を卒業するとすぐにニュー・オーリンズへ行って、結果的に住み着くことになりました。1980年のことです。

　元々ギターを弾いていた彼はピアニストになり、ニュー・オーリンズの様々なミュージシャンのバックで活動を続け、後にボニー・レイトのツアー・バンドで長く起用され、タージ・マハールやそれこそドクター・ジョンとも共演した経験があります。次第に自分のアルバムも作るようになりましたが、2008年にツアー先のオーストラリアで録音されたこのライヴ・アルバムではソウルフルでウィットのきいた自作に混じってプロフェッサー・ロングヘアやミーターズの曲をゴキゲンに演奏しています。バックでは相撲

取りより更に大きい体形からは想像できない、とても繊細なギターを弾くビッグDことダーウィン・パーキンズをはじめ、アブソルート・モンスター・ジェントルメンの洗練されたファンクは終始見事です。

　ジョンとの出会いを作ってくれたのは、当時日本でインディ・レーベルを営んでいたアメリカ人の友だちでした。彼のアルバムを発売しただけでなく、何度か日本へ呼び、その人気をニュー・オーリンズの音楽の好きな人の間で着実に浸透させて行ったのです。その友人はもう日本を離れましたが、2014年に『Live Magic！』という音楽フェスのキュレイションをすることになった時、彼の協力でジョンを早速招聘しました。そして2018年には4年ぶりに『Live Magic！』のヘッドライナーとしてジョンが再び来日しました。

　イギリス人の彼が敢えてアメリカの一つの地方の音楽を自分のものにし、その道を究めて行く姿に強い魅力を感じます。今のジョン・クリアリーをライヴでもぜひ聴いて欲しいし、この『Mo Hippa』から彼の一連の優れたアルバムも聴いてください。

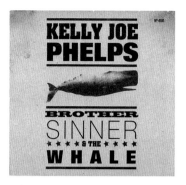

(収録曲)

1. Talkin' To Jehova
2. Goodbye To Sorrow
3. Hope In The Lord To Provide
4. Pilgrim's Reach
5. Spit Me Outta The Whale
6. Sometimes A Drifter
7. Hard Time They Never Go Away
8. I've Been Converted
9. The Holy Spirit Flood
10. Down To The Praying Ground
11. Guide Me, O Thou Great Jehova
12. Brother Pilgrim

Kelly Joe Phelps
"Brother Sinner & The Whale"
(Black Hen, 2012)

こちらもおすすめ

Kelly Joe Phelps
"Shine Eyed Mister Zen"
(Rykodisc, 1999)

Kelly Joe Phelps
"Tunesmith Retrofit"
(Rounder, 2006)

絶品のスライド・ギターが聴ける
"静かな名盤"

　音楽との出会いは色々なところにあります。1990年代後半に仕事で関わりがあったアメリカのレーベル"Rykodisc"から出たケリー・ジョー・フェルプスのアルバムをたまたま聴いて、途端に彼の絶品のスライド・ギターと渋めのブルージーな歌声に打ちのめされました。

　その後しばらくして、ぼくの近所に住むアメリカ人と知り合ったのです。その人はそれまで働いていたイヴェント会社の仕事に飽きて、自分でコンサートを企画したいけど誰か面白いミュージシャンはいないかと尋ねてきました。ぼくはすかさず「ケリー・ジョー・フェルプス」と答え、その人は彼の名前も知らなかったにもかかわらず、そんなことからケリー・ジョーが来日することになりました。彼の演奏を聴いたお客さんも皆、ぼくと同じように衝撃を受けたはずです。

　何枚かアルバムを出すうちにケリー・ジョーはなぜかスライドを弾くのをやめ、その代わりにスライドに負けず劣らずの絶品のフィンガー・ピッキングをするようになりました。大抵自作の曲をやっていても、どれも昔のトラディショナルな歌のようにしか聴こえないため、全く売れることなどに対する色目がなさそうな彼は地道に活動を続け、ある時は意図的に不協和音を多用するライヴで客を驚かせたり、ある時はまるでフォーク・シンガーのようなレコードを出したりしていました。

　そしてこの作品でケリー・ジョーは久々にスライド・ギターを、今度はフィンガー・ピッキングと混ぜて弾く姿を見せました。独自のコブシの効いたヴォーカル・スタイルで、内容的に言えば一種のゴスペル・ミュージックになりますが、戦前のアメリカ南部の音楽が好きな人間ならサン・ハウスやミシシピ・ジョン・ハートなど伝説のブルーズやフォークの人たちからの影響を感じつつも、ケリー・ジョー自身の見事なギターの技術に感心せずにはいられません。

　残念ながらこの静かな名盤以降には何の音沙汰もありません。一度手の病気のためにライヴ活動を休止するというニュースが流れ、その後復帰するような話もありましたが、久しぶりに来日を、と思って連絡をとってもらっても返事すらもらえないままです。

　果たして今後彼が活動を再開するかも分かりません。しかしこれまでに発表した中にも、もっともっと多くの人に聴いて欲しい作品があり、CDでもまだ入手できるこれを聴けば必ずファンになります！

（収録曲）

1. Huba Un Lugar
2. Rosa Para Julia
3. En El Corazón De Pescaderias
4. Gitanos De La Cava
5. Pirata De Lucia
6. Donnali
7. Monk Soniquete
8. Al Abordaje
9. Obsesión

Jerry González
"Y Los Piratas del Flamenco"
(Lola, 2002)

こ
ち
ら
も
お
す
す
め

Jerry González
"Ya Yo Me Curé"
(American Clavé, 1980)

Jerry González
"Rumba Para Monk"
(Sunnyside, 1989)

ジャズとフラメンコが
高度に融合した名盤

インターFMが開局した1996年から10年間、ぼくが担当していた日曜日放送の番組「バラカン・ビート」を100％英語でやっていました。当然英語圏のリスナーが多く、2002年のある日、イギリス人の方からこのアルバムに関する雑誌の紹介記事をメイルでいただきました。

ラテン・ジャズの世界で知られるトランペット奏者ジェリー・ゴンサレスがスペインのツアー先で出会ったスペインのジプシーたちと意気投合して、ジャズとフラメンコの混ざった作品を作ったとのことで、どうしても聴きたくなったのでインタネットで検索したものの、スペイン盤のCDしかなく、買えるのはスペインの通販サイトのみでした。予想に反してスムーズに届いたそのアルバムは十分期待に応えるもので、番組でも何度かかけたし、今も愛聴盤です。

かなりミニマルな音楽で、ジェリー・ゴンサレスのミュートしたトランペットとコンガ（珍しく両方でプロ級の才能の持ち主です）の他、ニーニョ・ホセレのフラメンコ・ギター、それに少しのパーカションとフラメンコに付き物の手拍子、そして2曲でエル・シガーラの歌が入るだけです。その歌に絡むジェリーの切ないトランペットは若い頃のマイルズ・デイヴィスを思わせるところがありますが、オーケストラルな規模の「Sketches

of Spain」と違ってこちらはあくまで淡々としています。

1949年生まれのジェリーは幼少期を過ごしたニューヨークのブロンクスでずっとラテン・ジャズに触れていたのですが、モダン・ジャズもリアル・タイムで聴いていて、特にセロニアス・マンクの曲を頻繁に演奏します。このアルバムでも「Monk's Mood（マンクス・ムード）」を「Monk's Soniquete」とタイトルを改め、複雑な手拍子をバックに多重録音した複数のトランペットが会話するフラメンコ風に解釈。またチャーリー・パーカーの名曲「Donna Lee」（ここでは「Donnali」）を、たぶんジャコ・パストリアスのヴァージョンにもちょっとヒントを得て、ゆったりとしたフラメンコ・ファンクといった印象を与える演奏で取り上げています。

ジェリーのコンガとイスラエル・スアレスのパーカションだけが対話する「Al Abordaje」を聴いていると彼らの音楽のルーツがアフリカにあることを改めて意識させられます。このアルバムを作った後、ジェリー・ゴンサレスはずっとマドリッドを拠点にしました。大変残念なことに2018年10月に家の火事で煙を吸い込んで窒息死しました。69歳でした。

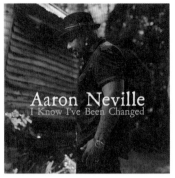

Aaron Neville
"I Know I've Been Changed"
(EMI Gospel, 2010)

(収録曲)

1. Stand By Me
2. I Know I've Been Changed
3. I've Done Up My Mind
4. I Am A Pilgrim
5. Don't Let Him Ride
6. You've Got To Move
7. Oh Freedom
8. Tell Me What Kind Of Man Jesus Is
9. I Want To Live So God Can Use Me
10. Meetin' At The Building
11. I'm So Glad (Trouble Don't Last)
12. There's A God Somewhere
13. Touch The Hem Of His Garment (bonus track)

こちらもおすすめ

Aaron Neville
"Bring It On Home...
The Soul Classics"
(Sony, 2013)

The Neville Brothers
"Treacherous: A History Of
The Neville Brothers"
(Rhino, 1986)

はちみつがとろりと流れる
心地よさ

　ソウル・ミュージックのコブシのこと
を英語でmelismaと言います。Meliと
いうのはギリシャ語でいう"はちみつ"
のことですが、ヴィブラートが繊細に揺
れるエアロン・ネヴィルの歌を聴くとま
さにはちみつがとろりと咽に流れる心地
よさがあります。

　1941年にニュー・オーリンズで生ま
れた彼は60年にデビューし、このアル
バムを出した時点ではすでに50年のキ
ャリアになっていました。彼の幼少期は
ゴスペル・ミュージックの黄金時代に重
なる時期ですが、ここでは祖母の膝に
乗っていた幼いエアロンの耳に何度も入
って、彼の音楽を形成するのに大きな
役割を果たした素朴なトラディショナ
ル・ゴスペルの曲ばかりを特集していま
す。

　プロデューサーのジョー・ヘンリーは
2000年代に入ってからソロモン・バー
クやベティ・ラヴェットなど、ヴェテラ
ンのソウル・シンガーの優れた新作を手
がけるシンガー・ソングライターです。
LAの外れにある家の地下をスタジオに
し、そこに彼が集めるミュージシャンは
次第に多くのセッションで活動するよう
になって行ったのです。

　特にドラマーのジェイ・ベルローズは
やさしく跳ねるビートの名人です。ここ
では彼の他にエアロンのキャリアにプロ
デューサー、そしてソングライターとし

て深く関係してきたアラン・トゥーサン
トはゴスペルとR&Bの両方の要素を備
えた、静かに力強いピアノを添えていま
す。また素晴らしいギター職人グレッ
グ・リースのドブロなどのルーツ色の濃
いギターはアルバムの隠し味になってい
ます。

　このアルバムから「I'm So Glad
(Trouble Don't Last)」をラジオで何
度となくかけています。嫌なことばかり
続くように感じることもあるこの時代に、
多少無理にでもそういう嫌なことはいつ
か終わる、というメッセージを自分にも
言い聞かせると少しは気分が晴れます。
きっとこういうゴスペルの曲はそのため
に作られたものに違いないからです。そ
してエアロンのあまりにも見事なコブシ
で歌われるとぼくはその説得力と声その
ものの美しさにうっとりします。

　ゴスペルの美声といえば、彼が若い
頃に影響を受けたサム・クックの名曲が
日本国内盤にはボーナス・トラックとし
て収録されているので、お薦めです。そ
れにしても、ジョー・ヘンリーにこのア
ルバムが大好きだと伝えたら彼は喜び
ながらも、アメリカでは誰も知らない作
品だと嘆いていました。

(収録曲)

1. Lomsha
2. Aerozen
3. Babbalanja
4. Yillah
5. Dididi
6. Friday The 13th
7. Hang Around Me
8. Hang2Hang
9. Nambaraï Gate Intro
10. Nambaraï
11. Ayel
12. Tricotin
13. Soft Landing

⬥21

Hadouk Trio
"Air Hadouk"
(Naïve, 2010)

こちらもおすすめ

Hadouk Trio
"Shamanimal"
(Naïve, 1999)

Hasna El Becharia
"Djazair Johara"
(Indigo, 2001)

本文で触れたゲンブリという楽器はこのハスナ・エル・ベシャリアがアルバムのジャケットで持っているものです。彼女はモロッコではなく隣のアルジェリアの出身ですが、北アフリカのベルベル人に共通するグナワというトランスの音楽を専門としています。西洋楽器もできる人ですが、基本的にゲンブリ、そしてカルカバと呼ばれる金属のカスタネットのような打楽器を、ハスキーな声で歌いながら見事にさばきます。

クールで、ちょっとファンキーで、エクソティック!

　初めてラジオに出た1980年代初頭からずっと聴いているという方に時々出会うことがあります。嬉しさと同時に驚きを感じるものですが、そういう方でもおそらく知らないぼくの番組があると思います。

　スカイパーフェクTV! の音声チャンネル、スター・デジオで、2002年11月から2012年1月まで月に一度のジャズの番組「pb's blues」を担当しました。番組でいつもメイル・アドレスを伝えていたものの、9年あまりの間にメイルをいただいたのは2、3回、それもたぶん一人の方からでした。果たしてその方以外に聴いている人がいたかどうか、いまだに未確認です。

　その番組のディレクターはジャズをはじめ、色々なジャンルの音楽に驚くほど詳しい方で、収録のたびに様々な音楽の情報交換をする中でぼくが知らないミュージシャンのことを教えてもらうことがよくありました。その中で今でも深く印象に残っているのはHadouk Trioです。発音は「ハドゥーク」か「アドゥーク」か、フランスのグループなので後者かもしれません。

　かつてはヒッピー（ハッパ?）の匂いがぷんぷんするジャズ寄りのプログレ・バンド、ゴングのサックス奏者として知られるディディエ・マレルブが中心人物で、このトリオではドィドゥクと呼ばれるアルメニアの二重リードの楽器をメインに演奏します。その音色はオーボエとフルートの中間にある、ちょっと乾いた美しいサウンドです。

　同じくフランス人のロイ・エールリッヒはモロッコのグナワ音楽で使われるゲンブリ（表記は様々）という素朴な弦楽器を、いうならばアクースティックのベイス・ギターのように使い、他にもキーボードなども演奏します。アメリカ人パーカショニストのスティーヴ・シハンはアフリカや中東の色々な打楽器とハング・ドラムを駆使します。彼らの音楽はジャズともワールド・ミュージックとも言い切れないもので、例えばウェザー・リポートをもっとロー・テクでしかもロー・テンションにすればこのようなメロディが生まれたかもしれません。

　クールで、ちょっとファンキーで、エクソティック（exoticをぼくはこう発音します）な響きを持つこういう音楽は、人々に聴かれさえすれば絶対に受けると思いますが、どういうわけかあまり注目されている印象はありません。このアルバムの数年後には別のドラマーとギタリストを加えたカルテットでアルバムを出しましたが、ぼくはこれをぜひお薦めします。

Sachal Studios Orchestra
"Sachal Jazz"
(Sachal, 2011)

こちらもおすすめ

Sachal Studios Orchestra
"Jazz And All That"
(Sachal, 2013)

Sachal Jazz Ensemble
"Live In Concert"
(Sachal, 2012)

(収録曲)

1. Take Five
2. Desafinado
3. Mountain Dance (Raga)
4. Garota De Ipanema
5. Misty
6. Samba De Verao
7. This Guy's In Love With You
8. Garota De Ipanema (Raga)

ジャズやボサ・ノヴァを
インド風に料理してみると……

　ぼくはこれでこのバンドのことを知りました。最初は一瞬何かのパロディかと思って、メンバーのオッサンぶりにちょっと笑っちゃいましたが、演奏があまりにも見事なのでその笑いもすぐに感激に変わりました。

　彼らはバンドというよりパキスタンの都会ラホールにあるサチャル・スタジオに所属するミュージシャンです。スタジオ・ミュージシャンというのはどこの国でもオッサンっぽい人が多く、ルックスがよければ舞台に出る仕事を選ぶと思います。2017年に発表されたドキュメンタリーのDVD『SONG OF LAHORE（ソング・オブ・ラホール）』を見れば彼らのバックグラウンドが分かります。

　パキスタンにはインドと同じように映画音楽の活発なシーンがあり、このスタジオもとても忙しい毎日を過ごしていたのですが、ポピュラー音楽を宗教上の理由で弾圧したタリバンが実権を握っていたしばらくの間、このシーンはいきなりなくなりました。その後禁止措置が再び解かれましたが、国内の音楽シーンに元気はあまり戻らず、彼らは仕事に困っていました。

　そこでこのサチャル・スタジオのプロデューサーは実験的に西洋のジャズやボサ・ノヴァなどの有名な曲をインド風に料理してやってみることを提案したわけですが、それでできたのがこのアルバムです。一歩でも間違えれば限りなくダサいものになりかねないこの実験は、演奏力が素晴らしいので逆に大成功となりました。

　冒頭の「Take Five」はオリジナルを作ったデイヴ・ブルーベックも大絶賛したほどです。スローの「Desafinado（デサフィナード）」は、ややムード・ミュージック然とした雰囲気もありますが、女性ヴォーカルやバンスリ（インドの笛）が実にソウルフルで美しいです。

　続く「Mountain Dance」のオリジナルはデイヴ・グルーシンの曲で、本人のヴァージョンはおそらくラジオなどで耳にしたことがあったはずですが、特に印象に残っていたわけではなく、このアルバムで知ったようなものです。シタールで演奏されるシンコペイトされたメロディとそれを支えるタブラのリズムがゴキゲンで、それにストリングズが絡むと、往年の西部劇の壮大な風景が頭に浮かんできますが、それでも違和感がないのがちょっと不思議なぐらいです。「Garota De Ipanema（イパネマの娘）」などよりもう少し選曲の冒険があってもよかったかも知れませんが、このままでも大変楽しめる作品です。

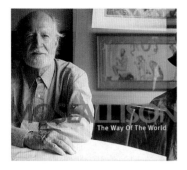
The Way Of The World

Mose Allison
"The Way Of The World"
(Anti-, 2010)

(収録曲)

1. My Brain
2. I Know You Didn't Mean It
3. Everybody Thinks You're An Angel
4. Let It Come Down
5. Modest Proposal
6. Crush
7. Some Right, Some Wrong
8. The Way Of The World
9. Ask Me Nice
10. Once In A While
11. I'm Alright
12. This New Situation

こちらもおすすめ

Mose Allison
"The Best Of Mose Allison"
(Atlantic, 1970)

Mose Allison
"Greatest Hits
- The Prestige Collection"
(Prestige, 1988)

世の中の不条理を痛快に切る
モーズの精神

　1950年代後半に活動を開始し、60年代にはヴァン・モリスンやジョージィ・フェイムなど特にイギリスのブルーズ好きの若い歌手たちに計り知れない影響を与えたモーズ・アリスンは、ジャズとブルーズの間のところを独自の歌とピアノで開拓し、ランディ・ニューマンにも通じる皮肉で世の不条理を痛快に切って行きました。

　しかし、一般大衆にはあまり聴かれることなく、時代と共にレコードの売り上げも落ちて行ったのです。ライヴ活動は続けながらも新作を10年以上発表していない時期にシンガー・ソングライターでプロデューサーのジョー・ヘンリーからのレコーディングのオファーもあったのですが、それを断り続けていました。また更に売れないアルバムを世に出すのは何のためか、と。

　でも、まだモーズの中には人に聴かせるべき作品が潜んでいるに違いないとジョーは確信し、数年にわたってモーズの奥さんと連絡を取り合い、ついにモーズを説得しました。すでに82歳となっていたモーズはジョーの西海岸のスタジオに出向き、彼のために集まった一流のミュージシャンたちと共に5日間でこのアルバムを仕上げました。

　オープニングからクスッと笑わせます。リトル・ウォルターの往年のヒット曲「My Babe（マイ・ベイブ）」を「My Brain（マイ・ブレイン）」と替え歌にし、年をとった自分の脳の細胞が1時間に1200個も失われていると呟きながら、昔と変わらない理知的なピアノをリズミックに聴かせます。

　個人的に最も好きな曲は「Modest Proposal」（直訳すれば「ちょっとした提案」）です。その提案というのは、神に休暇を与えること。すべての仕掛け人で何でも責任を負い、四六時中、人類の呼びかけに応じなければならないのできっとクタクタに疲れているはずだ。我々に理性を与えてくれたのも神なので、その理性をちゃんと活用して、神を休ませてたまには自分たちで物事を考えればいいではないか。ゴッド、エホヴァ、アッラーと3つの一神教の神を等しく扱い、不公平さがないようにも気を配ったこの曲は実に痛快です。

　このアルバムの発売から2年経った2012年にモーズは初来日を果たしましたが、残念ながらその頃には本当に脳の衰えが進んでいて、歌詞を忘れたり、ピアノがちょっとおぼつかなかったりしました。2016年に死去した彼はトランプ時代の到来を経験せずにこの世を去ったのですが、モーズの精神を引き継ぐ存在が今こそ必要です！

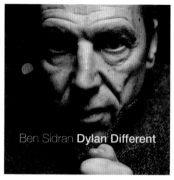

Ben Sidran **Dylan Different**

（収録曲）

1.　Everything Is Broken
2.　Highway 61 Revisited
3.　Tangled Up In Blue
4.　Gotta Serve Somebody
5.　Rainy Day Woman # 12 & 35
6.　Ballad Of A Thin Man
7.　Maggie's Farm
8.　Knockin' On Heaven's Door
9.　Subterranean Homesick Blues
10.　On The Road Again
11.　All I Really Want To Do
12.　Blowin' In The Wind

Ben Sidran
"Dylan Different"
(Nardis, 2009)

こちらもおすすめ

Ben Sidran
"Puttin' In Time On Planet Earth"
(Blue Thumb, 1973)

Georgie Fame
"Cool Cat Blues"
(Go Jazz, 1991)

洋の東西でモーズ・アリスンから強い影響を受け、ジャズとR&Bの間にある音楽を得意するのはアメリカのベン・シドランとイギリスのジョージィ・フェイム。1990年に自分のレーベル、Go Jazzを興したベンは早速ジョージィのこの名盤をプロデュースしました。リチャード・ティーやスティーヴ・ガッドなどの強者をバックに、ジョージィはクールぶりを十分に発揮します。ヴァン・モリスンをゲストに迎えた「ムーンダンス」が素晴らしいです。

素朴な、でも快挙といっていい、ボブ・ディラン・カヴァー集

　ボブ・ディランほど多くのミュージシャンが楽曲を取り上げたソングライターはいないでしょう。ビートルズを除けば。しかも実に様々なジャンルの人が彼の曲を歌います。ポピュラー音楽のスタンダードと化しているディランの曲も多いですが、本人がコンサートで歌う時は編曲ががらりと変わるので、コード進行や歌詞をよほどよく知っている人以外はなかなかついて行けないものです。

　ここでディランの曲を特集しているベン・シドランはディランより2歳年下の1943年生まれ。また、ベンが拠点とする中西部のウィスコンシン州マディソンはディランの故郷ミネソタ州にほど近いところです。二人ともビート世代の草分け的作家ジャック・ケルアックに憧れた同士（二人の面識はない）ですが、ディランはロックンロールやフォーク・ミュージックへ、ベンはジャズやリズム・アンド・ブルーズへと音楽の好みが若干枝分かれして行きます。

　ベンは学者肌で、60年代にイギリスのサセックス大学で社会学の博士号を取得。その論文は『Black Talk』というタイトルで本として出版されました。70年代からソロ・アーティストとして音楽活動を本格的に開始し、モーズ・アリスンに影響を受けた呟きスタイルのヴォーカルで、洗練された知的シンガー・ソングライターとして知られるようにな

りました。圧倒的に自作のレパートリーが多く、ジャズの曲を演奏することもありますが、ディランの曲ばかりのアルバムを発表するとはやや意外でした。

　しかし、これは快挙です。ボブ・ディランの歌詞は場合によって本人が歌うよりも他の人の歌で聴く方がその意味がすんなりと耳に入り込みます。ジェリー・ガルシアがそのいい例で、ディラン自身もジェリーの解釈を好むそうです。

　ベン・シドランのこのアルバムも、ディランのよく知られた曲に新鮮な空気を吹き込んでいます。主にエレクトリック・ピアノを使うことで全体にクールな雰囲気を帯びさせ、それぞれの曲のテンポを変えて、メロディックなリフをつけることで聴き手の予想を次々と裏切って行きます。ゆったりしたジャズ・ファンクのラップに化ける「Highway 61 Revisited（ハイウェイ61・リーヴィジテッド）」とか、スロー・ブルーズのように生まれ変わる「All I Really Want To Do」など、繰り返し聴いても飽きない静かな力作です。

　最後を飾る「Blowin' In The Wind」だけはさすがにほぼ原曲通りに演奏します。ベンもこれが原体験だったに違いないです。

ROKIA TRAORÉ
TCHAMANTCHE

（収録曲）

1. Dounia
2. Dianfa
3. Zen
4. Aimer
5. Kounandi
6. Koronoko
7. Tounka
8. Tchamantché
9. The Man I Love
10. A Ou Ni Sou

㉕

Rokia Traoré
"Tchamantche"
(Universal, 2008)

こちらもおすすめ

Oumou Sangaré
"Seya"
(Nonesuch, 2009)

Fatoumata Diawara
"Fenfo - Something To Say"
(Shanachie, 2018)

マリの女性歌手を更に二人紹介
します。ウームー・サンガレは
1990年にデビュー・アルバム
を出した1968年生まれの大御
所。両親も歌手で、彼女は幼
稚園児の頃から人前で歌ってい
た人です。保守的な社会で結
婚相手を選ぶ女性の権利につい
て歌ったのが大きな話題になり
ました。ファトゥマタ・ジャワラ
は1982年生まれでシンガー・
ソングライター的な活動をしてい
ます。キューバのピアニスト、ロ
ベルト・フォンセカとの共演盤
も素晴らしいです。

21世紀の多様な可能性を感じさせる
"やすらぎの名盤"

　西アフリカのセネガル、マリ、ギネア辺りの音楽というと「グリオ」という言葉をよく見かけます。ミュージシャンとは微妙に違う職業ですが、伝統社会では音楽を演奏するのは基本的にその人たちの役割で、特に上流階級の家庭では子供が音楽の世界に入ることはよしとされませんでした。

　ロキア・トラオレもそんな背景の人ですが、彼女の父親がマリの外交官だった関係で子供の頃にアルジェリア、サウジ・アラビア、フランス、ベルギーに住んだ経験があります。ヨーロッパでの生活の影響もあったかも知れませんが、マリで大学生だった1990年代半ばにはアクースティック・ギターを弾きながら歌手としての活動を始めました。

　初めて来日したのはたぶん2000年代初頭だったと思います。髪の毛を短く刈り上げたロキアが、シンガー・ソングライター的な感じのライヴの途中で急に大股開きのアフリカン・ダンスを披露した時の驚きは今も鮮明に覚えています。

　すでにそこそこの評価を得ていた彼女が2008年に発表した4作目のこのアルバムは、更に大きな話題をよびました。マリの女性歌手では珍しく、歌は極めてソフトで、ハーモニーもよく使います。サウンドも全体的に抑制されています。

　ロキア自身はこのアルバムで、暖かみのある音が特徴のグレッチのエレクトリック・ギターを使用していますが、ステレオの片チャンネルにその音が、もう片チャンネルにはンゴニという土臭さのある民族楽器（弦楽器）があり、その絶妙なバランスは何とも言えず気持ちがいいです。またハープやスティール・ドラムといった個性的な音が時々聴こえてくるのがとても印象に残ります。

　歌は主にマリのバマナ語とフランス語で、社会の弱者に目を向けた曲が目立ちますが、言葉が分からなくても、声そのものに、聴き手の心が安らかになる何かがあります。1曲だけやや意外なのは、隠しトラックとして収録されていた「The Man I Love」です。ビリー・ホリデイの歌で有名なこの曲は、どうやらビリーに対するトリビュート・コンサートにロキアが参加したことがきっかけで録音されたようですが、これだけ英語とバマナ語のヴォーカルとなっています。

　アフリカの音楽を聴きなれていない人でも十分楽しめるサウンドになっていますが、アフリカ的な魅力にもあふれていて、21世紀の多様な可能性を感じさせる静かな名盤です。

（収録曲）

1. Mi Niña Lola
2. Ojos Verdes
3. Te Camelo
4. Ay De Mi Primavera
5. A Mi Manera
6. Nostalgias
7. Triunfo
8. Love
9. Loca
10. Jodida Pero Contenta

26

Concha Buika
"Mi Niña Lola"

(DRO Atlantic, 2006)

こちらもおすすめ

Cesaria Evora
"Cabo Verde"
(Lusafrica, 1997)

Ketama, Toumani Diabaté &
Danny Thompson
"Songhai"
(Nuevos Medios, 1988)

ラテン音楽とアフリカの接点ということで選んだ2枚です。シザリア・エヴォラは元ポルトガル領の島国カボ・ヴェルデ出身で、すでに40代半ばの80年代に訪れたリスボンで注目され、"裸足のディーヴァ"としてもてはやされたのですが、終始淡々とした素朴な佇まいはユニークなものでした。『ソンガイ』は"ヌエヴォ・フラメンコ"のグループとして知られたスペインのケタマにマリのコラの名手トゥマニ・ジャバテとイギリスの名ウッド・ベイス奏者ダニー・トンプスンが加わった知られざる素晴らしい作品です。

アフリカ系フラメンコが
見事に表現された愛聴盤

　このアルバムを最初に聴いたきっかけは何だったのかな。とにかくよく覚えているのは、そのちょっと後にラテン音楽の大きなコンサートが東京で開催され、そこで見たコンチャ・ブイカのライヴのカッコよさに圧倒されたことです。

　最近はただのブイカとして活動している彼女はスペインのマヨルカ島で、赤道ギネアから政治亡命した両親のもとで1972年に生まれました。90年代から、最初はミュージシャンとして活動を始めましたが、女性のドラマーとして認めてもらうのがなかなか難しく、仕方なく歌い出したと言います。

　『Mi Niña Lola（ミ・ニーニャ・ロラ）』は彼女の3作目のアルバムです。基本的にフラメンコがベイスになっている音楽ですが、そこにジャズやソウルの要素が微妙に混ざっていて、とても斬新なサウンドになっています。

　アルバムの冒頭を飾るタイトル曲で、煙で燻したようなハスキーな声でフラメンコのメロディを歌い上げますが、バックはピアノで、途中でストリングズも登場します。伝統のフラメンコを好む人にはどう評価されるか分かりませんが、このような試みを得意とするプロデューサーのハビエール・リモンの力量も手伝って、ブイカの独自の味わいが色濃く出ています。

　曲によってはギターやベイスも登場するし、ラテン・ジャズ畑からフラメンコに興味を持ち始めたジェリー・ゴンサレスのトランペットがフィーチャーされる曲もあります。フラメンコでつきものの手拍子の他に、キューバのオラシオ"エル・ネグロ"エルナンデスがドラムズで参加しています。

　サウンド的に十分ヴァライエティがあり、曲もフラメンコだけでなく、「コプラ」と呼ばれるアンダルシア地方のフォルクローレのような歌もあり、ブイカの自作もあります。彼女は詩人としての顔もあり、残念ながらぼくはそこまでスペイン語は分かりませんが、とにかく歌にものすごい説得力があります。

　これ以降のアルバムではもっとR&B寄りのサウンドになったり、作品ごとに雰囲気が変わりがちなところがありますが、ここ数年はマイアミ在住です。最近再び来日公演があり、相変わらず非常にカッコよかったですが、近距離で聴けるクラブで見るとかわいらしい面もあってより身近に感じました。

最初に聴いたせいか、今も彼女の「アフリカ系フラメンコ」が見事に表現されているこのアルバムがいちばんの愛聴盤です。

(収録曲)

1. Last Kind Word
2. Don't Let It Trouble Your Mind
3. Waterboy
4. She's Got You
5. Up Above My Head
6. Tomorrow Is My Turn
7. Black Is The Color
8. Round About The Mountain
9. Shake Sugaree
10. O Love Is Teasin'
11. Angel City

Rhiannon Giddens
"Tomorrow Is My Turn"
(Nonesuch, 2015)

こちらもおすすめ

Carolina Chocolate Drops
"Genuine Negro Jig"
(Nonesuch, 2010)

Our Native Daughters
"Songs Of Our Native
Daughters"
(Smithsonian Folkways, 2019)

非常に洗練された、
ルーツ・ミュージック

　カロライナ・チョコレート・ドロップスというアフリカン・アメリカン3人によるフォーク・グループで活動していたリアノン・ギデンズは、1960年代初頭のフォーク・リヴァイヴァルを舞台にした映画『インサイド・ルーウィン・デイヴィス 名もなき男の歌』の音楽をコンサートで特集するイヴェントに参加。その際、コンサートの音楽監督を務めたTボーン・バーネットからソロ・アルバムを作らないかと誘われました。その成果がこれです。

　ここで彼女が取り上げている曲はフォークもあり、ブルーズも、ゴスペルも、カントリーも、英訳したシャンソン（シャルル・アズナヴールのタイトル曲）もありますが、どの曲にも共通しているのは女性歌手の歌で知られることです。しかも強い女性が多いです。

　ゴスペル界に革命を起こしたシスター・ロゼタ・サープが40年代に作った「Up Above My Head」では、頭の上の空気中に音楽が響く、だからこそ神の存在を確信する、という揺るぎない信仰心を伝えます。ニーナ・シモーンのヴァージョンをモチーフにしている「Tomorrow Is My Turn」では、多くの犠牲を払い続けたが、明日は私が報われる、という信念がひしひしと感じられます。

　リアノン・ギデンズは珍しくルーツ・

ミュージックに必要な誠実さとエンタテイナーに不可欠なカリスマ性を両方兼ね備えている歌手で、父親はウェールズ出身の白人ですが、黒人女性としてのアイデンティティが強く、彼女が得意とするバンジョーという楽器がカントリー・ミュージックのイメージにもかかわらず、歴史的にアフリカン・アメリカンの文化でそのサウンドが育まれたことを示す活動をしています。

　安定した発声からクラシックの勉強もしていたことが分かるリアノンのバックで、Tボーン・バーネットが見事にまとめたアクースティックなサウンドが流れます。パツィ・クライン作のカントリーのバラード「She's Got You」ではソウル風のホーン・セクションが登場するといったちょっと意外なタッチもさりげなくカッコいいです。あるいは「Black Is The Color」という昔のフォーク・ソングは躍動感のある編曲でウッド・ベイスが中心になっていて、途中でメロディカが疾走するソロが彩りを添えます。全体的に非常に洗練された印象のルーツ・ミュージックです。

Steinar Raknes
"Stillhouse"
(Reckless, 2012)

（収録曲）

1. Killing The Blues
2. Corrina, Corrina
3. Tear My Stillhouse Down
4. Memories Of Her
5. Twilight
6. Kiss
7. I'm On Fire
8. Sitting On The Top Of The World
9. Time To Go
10. Woodstock
11. Speed Of The Sound Of Loneliness
12. Morning Song For Sally
13. Down The Drain
14. Walkin

こ
ち
ら
も
お
す
す
め

Steinar Raknes
"Chasing The Real Things"
(Reckless, 2018)

Tore Brunberg & Steinar Raknes
"Backcountry"
(Reckless, 2017)

何度聴いても飽きない、
超ミニマルな音楽

ウッド・ベイス奏者スタイナー・ラクネスの存在を知ったのは、彼と同じノルウェイ出身のサーミ民族の女性ヴォーカリスト、インガ・ユーソとのデュオだったと思います。ネイティヴ・アメリカンやアイヌの歌とも共通点が感じられるサーミの「ヨイク」と、スタイナーのベイスだけという超ミニマルな音楽は一度聴いたら二度と忘れない強烈な印象でした。

元々ジャズの世界で活動していた彼は、あるフェスティヴァルで何でも自由にやっていいソロ公演を依頼されたことがきっかけで、このアルバムで聴かれるような音楽を考え出したのです。それは平たく言えばアメリカーナと呼ぶような曲を英語で歌いながら、基本的に自分のウッド・ベイスだけで伴奏するというものですが、実際に聴かなければ想像しがたいほど魅力のある音楽です。

スタイナーの歌声は低くて若干かすれています。トム・ウェイツと比較するのはちょっと大げさですが、時々その雰囲気に近いです。取り上げている曲に幅があり、選曲もとても面白いです。

例えばプリンスの「Kiss」はオリジナルの弾むようなファンクとは全く違う、淡々と同じ音をずっと繰り返すベイス・ラインに乗って、プリンスのファルセットと正反対の低い呟きで相手の女性を説得します。初めて聴いた時、思わず手を叩いてしまった快挙とも言える演奏で、当時やっていた「バラカン・モーニング」でソング・オヴ・ザ・ウィークにしたらリスナーからの反響もとてもよかったです。

アルバムのタイトル曲にもなっているギリアン・ウェルチの「Tear My Stillhouse Down」は、密造酒のために人生を棒に振った年寄りが、死んだ後は俺の酒小屋を壊しちまえ、と歌うものですが、これを含む数曲で、ウィリー・ネルスンの長年の相棒として知られるハーモニカ奏者ミキー・ラファエルが登場し、絶妙の味を出しています。「世界で最大と最小の楽器のコラボレイション」をミキーはそうとう楽しんだようで、その後もスタイナーと共演し続けています。

ボブ・ディラン、ブルース・スプリングスティーン、ザ・バンド、ジョン・プラインなど、どれをとっても充実した解釈をしていますが、ジョーニ・ミチェルの「Woodstock」は、1969年当時まだ生まれていなかったスタイナーがこのヒッピー時代の賛歌を歌うと妙な孤独感が漂います。またそれがしっくり来るのも面白いところです。何回聴いても飽きないアルバムです。

29

Chris Thile
"Bach: Sonatas &
Partitas, Vol. 1"
(Nonesuch, 2013)

1. Sonata No. 1 In G Minor, BWV 1001
   I. Adagio
   II. Fuga: Allegro
   III. Siciliana
   IV. Presto
2. Partita No. 1 In B Minor, BWV 1002
   I. Allemanda
   II. Double
   III. Corrente
   IV. Double: Presto
   V. Sarabande
   VI. Double
   VII. Temp di Borea
   VIII. Double
3. Sonata No. 2 In A Minor, BWV 1003
   I. Grave
   II. Fuga
   III. Andante
   IV. Allegro

こちらもおすすめ

Chris Thile & Brad Mehldau
"Chris Thile & Brad Mehldau"
(Nonesuch, 2017)

Punch Brothers
"The Phosphorescent Blues"
(Nonesuch, 2015)

本書をお買い上げいただきまして、ありがとうございました。
今後の参考のために、以下のアンケートにご協力をお願いいたします。

(1) 購入された本についてお教えください。

書名:

ご購入日:　　　　　年　　　月　　　日

ご購入書店名:

(2) 本書を何でお知りになりましたか。（複数回答可）

□広告（紙誌名:　　　　　　　　　　　　　　　　）　□弊社の刊行案内
□web/SNS（サイト名:　　　　　　　　　　　　　　）　□実物を見て
□書評（紙誌名:　　　　　　　　　　　　）
□ラジオ／テレビ（番組名:　　　　　　　　　　　　　　　　）
□レビューを見て（Amazon／その他　　　　　　　　　　　　）

(3) 購入された動機をお聞かせください。（複数回答可）

□本の内容で　　□著者名で　　□書名が気に入ったから
□出版社名で　　□表紙のデザインがよかった　　□その他

(4) 電子書籍は購入しますか。

□全く買わない　　□たまに買う　　□月に一冊以上

(5) 普段、お読みになっている新聞・雑誌はありますか。あればお書きください。

〔　　　　　　　　　　　　　　　　　　　　　　　　　　　　　　〕

(6) 本書についてのご感想・駒草出版へのご意見等ございましたらお聞かせください。

（※2）

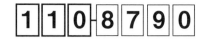
ペンネーム

_____ □男 □女 (　　)歳

メールアドレス(※1)　新刊情報などのDMを □送って欲しい　□いらない

お住いの地域

　　　　　　都 道
　　　　　　府 県　　　　　　市 区 郡

ご職業

自然と深呼吸する空気感をもった、
天才マンドリン奏者によるバッハ

　ぼくはクラシック音楽について基本的にあまり知りません。聴くのはほとんどバロックと、もしクラシックと呼ぶならスティーヴ・ライヒ、テリー・ライリー、ギャヴィン・ブライアーズのような人たちの作品です。バロックの中でダントツに好きなのがバッハで、聴き始めるとすぐに頭の中がすーっとします。ばらばらになっていた脳細胞が整然と並ぶような深い安堵感があります。

　純然たるクラシックの演奏のほかに、他のジャンルのミュージシャンによるバッハの演奏でも好きなものがあります。60年代にかなり流行ったジャック・ルシエのジャズのピアノ・トリオだったり、90年代に清水靖晃がテナー・サックスで演奏した無伴奏チェロ組曲だったり、バッハの音楽は一見意外な解釈でも柔軟に対応します。

　クリス・シーリというアメリカの天才マンドリン奏者の出発点はブルーグラスですが、彼が10年前からリーダーを務めているパンチ・ブラザーズはブルーグラスの古典的な編成（フィドル、バンジョー、ギター、マンドリン、ウッド・ベイス）を維持しながら、全くといっていいほど異なったスタイルの音楽をやっています。敢えてジャンルでくくるとしたら、プログレシヴ・ストリング・バンド、とでも呼んだらいいでしょうか。

　そのクリス・シーリがソロで、バッハがヴァイオリンのために作った曲をマンドリンで演奏することにしたのです。このCDに「Vol. 1」がついているので、続編もいずれ登場するはずですが、発売から6年が経過した現時点ではそんな発表はありません。

　マンドリンはヴァイオリンと同じチューニングの楽器なので、この音楽を演奏するためにややっこしい指使いをマスターする必要はなかったようです。とはいえ、バッハの音楽はただでさえ十分に難しいもので、弓の代わりにピックで弾くとなるとそれなりのハードルはあったでしょう。

　メロディを忠実に弾きながら時々コードも鳴らしたり、CDのブックレットでも触れていますが、若干チェンバロのような雰囲気を帯びることもあります。マンドリンはバロックの時代でも使われていた楽器なので違和感はなく、原曲をヴァイオリンで聴いたことがないぼくには比較のしようがありませんが、この演奏は見事です。テンポの速いところは圧倒されるスピード感ですし、ゆったりした曲でもまたバッハらしい、聴いていて自然と深呼吸する空気感を持っています。

Trio Da Kali & Kronos Quartet
"Ladilikan"
(World Circuit, 2017)

(収録曲)

1. Tita
2. Kanimba
3. Eh Ya Ye
4. Garaba Mama
5. God Shall Wipe All Tears Away
6. Samuel
7. Lila Bambo
8. Kene Bo
9. Ladilikan
10. Sunjata

こちらもおすすめ

Kassé Mady Diabaté
"Kassi Kasse - Mande Music
From Mali"
(Hemisphere, 2002)

Kandia Kouyaté
"Biriko"
(Stern's Africa, 2002)

西アフリカの伝統音楽家と
先鋭的な弦楽四重奏団による歴史的名盤

　西アフリカの伝統音楽家と弦楽四重奏団の共演？　おそらく誰でも「そんなバカな…」と反応すると思います。ぼくもこのCDを聴くまでは大した期待を持っていませんでした。ただ、レーベルはマリの音楽を長年にわたって真面目に紹介しているワールド・サーキットですし、弦楽四重奏団は結成された1973年からずっと型破りな活動を続けているクロノス・カルテットですから、やはり好奇心は湧くものです。

　クロノスと共演しているのはマリの3人のミュージシャンです。ヴォーカルのハワ・カセ・マディ・ジャバテはマリを代表する歌手、カセ・マディ・ジャバテの娘。バラフォン（元祖マリンバのような鍵盤打楽器）を演奏するフォデ・ラサナ・ジャバテは40代後半で、マリで最も評価の高いバラフォン奏者。そしてママドゥ・クヤテはベイス・ンゴーニを演奏します。マリの素朴な弦楽器であるンゴニといえばママドゥの父親バセクー・クヤテはその第一人者ですが、彼のグループ、ンゴーニ・バのメンバーとしても活動しているママドゥはベイシストの役割を果たします。

　これは本当の意味の共演になっていますが、大部分の曲はマリのレパートリーです。トリオ・ダ・カリは激動の時代の中で伝統の音楽を守ることを使命にしている人たちです。バラフォンが流麗に

リードするメロディをクロノスの4人がぴったりと重ねるラインにはドキドキする美しさがあります。その上に乗るハワの太く力強い声にはソウルやブルーズの雰囲気もあり、オペラ歌手のパワーもあります。

　クロノスのリーダーのデイヴィッド・ハリントンはこのアルバムの録音の5年前にハワに会っていました。初めて彼女の声を聴いた時、彼が大好きだった伝説のゴスペル・シンガー、マヘイリア・ジャクスンの若い頃（1930年代後半）の歌「God Shall Wipe All Tears Away」をぜひともその声で聴きたいと思って、マヘイリアのことを知らなかったハワのために英語の歌詞をマリのバンバラ語に訳しました。オリジナルでは伴奏を務める賛美歌のようなオルガンの音を、クロノスの4人が和音をアンサンブルで作ってその通りに見事に再現しています。

　アルバム全体をワールド・サーキットのニック・ゴールド、ハリントン氏、そしてマリの音楽の多くの力作を生み出している著名な民族音楽学者ルーシー・デュランがプロデュースしています。これは歴史に残る名盤です。

Steve Winwood
"Greatest Hits Live"
(Wincraft, 2017)

こ
ち
ら
も
お
す
す
め

Steve Winwood
"About Time"
(Sanctuary, 2003)

Steve Winwood
"The Finer Things"
(Island, 1986)

(収録曲)

DISC 1

1. I'm A Man
2. Them Changes
3. Fly
4. Can't Find My Way Home
5. Had To Cry Today
6. Back In The High Life Again
7. Low Spark Of High Heeled Boys
8. Empty Pages
9. Higher Love
10. Dear Mr. Fantasy
11. Gimme Some Lovin'

DISC 2

1. Rainmaker
2. Pearly Queen
3. Glad
4. Why Can't We Live Together
5. 40,000 Headmen
6. Walking In The Wind
7. Medicated Goo
8. John Barleycorn
9. While You See A Chance
10. Arc Of A Diver
11. Freedom Overspill
12. Roll With It

もっとメディアにとりあげてほしい、素晴らしいアーティスト

　スティーヴ・ウィンウッドがまだ10代のうちにスペンサー・デイヴィス・グループのリード・ヴォーカル／リード・ギター／キーボード奏者として驚異的なデビューを果たした1965年からぼくはずっとファンでした。まるでレイ・チャールズのような凄まじくソウルフルなあの歌がイギリス人の体から出てくるものとは誰も想像できなかったはずです。また自分の年に比較的近いので特に憧れる存在でした。

　その後、67年に新たに結成したトラフィックというバンドではロック、フォーク、ブルーズ、ジャズ、インドやラテンなどの要素を誰よりも早く、そして有機的に融合させたのです。エリック・クラプトンと一緒にほんの短い間活動したブラインド・フェイスの時期を挟んで、一度解散状態に陥ったトラフィックが再結成したものの、74年以降ウィンウッドはずっとソロ活動を続けています。最後のヒット曲は80年代半ばなので、この2枚組のライヴ盤には新しい曲はほとんどありませんが、タイトルに嘘はないし、演奏も抜群です。

　本人は基本的にオルガンを弾いていて、ベイス・ラインもそれで演奏します。ギターやマンドリンを弾く時は管楽器も担当するポール・ブースがキーボードに代わる形です。ギターは最近のバンドでずっと起用されているポルトガル人のジョゼ・ネト。ドラムズはその昔ジェフ・ベックの『Blow By Blow』でもお馴染みのリチャード・ベイリーです。

　ちょうどこのアルバムが出る直前ぐらいのコンサートを、たまたま訪れたロンドンで観ることができました。そこそこ広いハマースミス・オデオンを埋め尽くした観客を見回すと圧倒的に高齢者が多い印象で、一瞬ショックでしたが、その皆さんが自分と同じぐらいの世代であることに気づいたらまた更にショック！

　ぼくらにとってウィンウッドは大スターですが、今の若い音楽ファンは知らない、あるいはバーなどのBGMで流れた彼の曲を聴いたことがあっても誰の作品か当然分からないわけです。

　一緒に連れて行った20代の娘は、開演前は不安だったかも知れませんが、終わった後感想を聞いたらとても感銘を受けていました。エリック・クラプトンやヴァン・モリスンより少しだけ年が下のウィンウッドはしばらく新作アルバムを作っていませんが、このような素晴らしいライヴ活動を今も続けているので、ラジオを始め、年寄り以外の耳に入るようにメディアで取り上げて欲しいミュージシャンです。

Dedicated
STEVE CROPPER
A SALUTE TO THE 5 ROYALES

Steve Cropper
"Dedicated: A Salute to the 5 Royales"
(429, 2011)

1. Thirty Second Lover featuring Steve Winwood
2. Don't Be Ashamed
   featuring Bettye LaVette, Willie Jones
3. Baby Don't Do It
   featuring B.B. King, Shemekia Copeland
4. Dedicated To The One I Love
   featuring Dan Penn, Lucinda Williams
5. My Sugar Sugar featuring John Popper
6. Right Around The Corner
   featuring Delbert McClinton
7. Help Me Somebody (Instrumental)
8. I Do featuring Brian May
9. Messin' Up featuring Sharon Jones
10. Say It featuring Bettye LaVette
11. The Slummer The Slum featuring Buddy Miller
12. Someone Made You For Me featuring Dan Penn
13. Think (Instrumental)
14. Come On & Save Me
    featuring Dylan Leblanc, Sharon Jones
15. When I Get Like This featuring Lucinda Williams

こちらもおすすめ

Booker T. & The MG's
"The Very Best Of Booker T. & The MG's"
(Rhino, 1994)

Cate Brothers
"Cate Brothers"
(Asylum, 1975)

Cate Brothersのこのアルバムに注目したのは、ひとつにはスティーヴ・クロッパーがプロデュースしたからでした。1942年生まれの双子アール・とアーニー・ケイトはアーカンソー州出身で、10代の頃からリーヴォン・ヘルムと仲良しでしたが、ずいぶん後になってリーヴォンの紹介でLAのアサイラム・レーベルと契約することになったのです。ザ・バンドの解散後、リーヴォン率いるRCOオール・スターズの臨時メンバーとして来日したこともあります。このアルバム収録の「Union Man」はゴキゲンなブルー・アイド・ソウルです。

クロッパーのR&Bへの愛情が
たっぷりつまったアルバム

　これはやや意外な愛聴盤となりました。スティーヴ・クロッパーは好きなギタリストですが、彼のソロ・アルバムを熱烈に聴いたことはなかったし、ファイヴ・ロイヤールズというグループにも詳しいとは言えません。しかし、軽い気持ちで聴いてみたら一発ではまってしまいました。

　まず曲に魅力があります。R&Bのヴォーカル・グループだったファイヴ・ロヤールズが活動したのは1950年代ですが、ジェイムズ・ブラウンが取り上げた「Baby Don't Do It」や「Think」、ママズ&パパズのヴァージョンが有名な「Dedicated To The One I Love」は60年代のレコードで、当時それがオリジナルだと思い込んでいました。これらの曲を作り、またギタリストとしてファンが多かったローマン・ポーリングはスティーヴ・クロッパーにとって最も好きなギタリストだったそうです。

　曲は50年代のR&Bらしいシンプルなものですが、フックが多く、ゴキゲンなものが多いです。このアルバムのリズム・セクションを務めるベイスのデイヴィッド・フッドとキーボードのスプーナー・オールダムは、かつてのマスル・ショールズでファンキーなソウル・ミュージックの時代を築き上げるのに大きく貢献した二人です。ドラマーのスティーヴ・ジョーダンと、ここではパーカショニスト

として参加するスティーヴ・フェローニはもう少し若いですが、二人とも強者です。

　またローマン・ポーリングの曲をここで聴かせてくれるゲストのヴォーカリストは申し分のない顔ぶれです。のっけからスティーヴ・ウィンウッドが登場し、B.B.キングも参加しています。スプーナー・オールダムの相棒ダン・ペンが2曲で渋いカントリー・ソウルを聴かせ、女性陣ではベティ・ラヴェット、シャロン・ジョーンズ、ルシンダ・ウィリアムズというちょっと硬派な実力者が2曲ずつ姿を見せます。

　意外な参加者もいます。クイーンのブライン・メイはこのアルバムの企画者ジョン・ティヴンと仲がいいことがきっかけで参加しましたが、彼の存在が浮いていないのはティヴン氏のプロデューサーとしての手腕によるところでしょう。個人的に大好きな曲は、レコード・プロデューサーとしてもとても才能のある歌手／ギタリストのバディ・ミラーが担当する「The Slummer The Slum」です。スティーヴ・クロッパーは全面的にギターを弾いていて、簡潔にまとまったソロもありますが、他の出演者と同様に、昔のR&Bに対する彼の愛情が終始感じられるアルバムです。

(収録曲)

1. Welcome Home
2. Set Fire To The Rain
3. This Time
4. You Don't Miss Your Water
5. Everlasting Night
6. Lord Remember Me
7. Ring Of Fire
8. Aim For The Heart
9. It Makes No Difference
10. Long Time Gone
11. Don't Want To Know
12. If I Had A Hammer
13. The Titanic
14. Truth! (New Orleans studio funk version)
    (bonus track)

Ruthie Foster
"Let It Burn"
(Blue Corn Music, 2011)

こちらもおすすめ

Ruthie Foster
"The Truth According To
Ruthie Foster"
(Blue Corn Music, 2009)

Ruthie Foster
"Live At Antone's"
(Blue Corn Music, 2011)

いつか『Live Magic！』に呼びたい 筆頭ミュージシャン

　ぼくがキュレイターを務めるフェスティヴァル、『Live Magic！』を開催するにあたって、毎年様々な出演者を検討し、その中から絞り込んだ何組かと交渉してライン・アップを決めて行きますが、色々な理由で実現しないケースももちろんあります。これはしかたのないことではありますが、いまだに悔しく感じるのはルーシー・フォスターかな。

　彼女のことを最初に知ったのは、当時鎌倉でバッファロー・レコードという零細インディ・レーベルを営んでいた友だちのダグ・オルソップが、ルーシーのアルバムを日本で発売したことがきっかけでした。そしてその後、彼女の来日公演があって、横浜のサムズ・アップで見たそのライヴは実に素晴らしかったです。

　決して有名な歌手というわけではありません。しかし、ソウルとブルーズとゴスペルが混ざった古典的な歌のうまさと、心から湧き出る誠実さの前で聴く人は誰でもまいってしまいます。聞いた話によるとアメリカでフェスティヴァルに出演すると、それまで彼女のことを知らなかった観客にCDがバンバン売れるそうです。

　ルーシーはテクサス州で1964年生まれ、ゴスペルを歌いながら育った人です。ポップ畑のオファーを断ってずっと地道にルーツ寄りの活動を続けています。この『Let It Burn』は彼女にとって8作目のアルバムです。ニュー・オー

リンズで録音され、元ミーターズのベイシスト、ジョージ・ポーターとドラムズのラセル・バティストを含むミュージシャンたちの紡ぐグルーヴも素晴らしいですが、選曲も際立っています。

　当時まだ新曲だったアデルやブラック・キーズの作品は少し意外でしたが、ルーシーの解釈で全く不自然に感じません。ジョニー・キャッシュの「Ring Of Fire」はしっとりとしたソウル・バラードとして生まれ変わりますし、ザ・バンドの「It Makes No Difference」ではアイク・スタブルフィールドのハモンド・オルガンとルーシーのヴォーカルのやりとりにうっとりします。

　名曲「You Don't Miss Your Water」を作者のウィリアム・ベルをゲストにデュエットで歌い、また大ヴェテランのゴスペル・グループ、ブラインド・ボイズ・オヴ・アラバマが4曲で共演します。そのうち、軽くファンキーに弾む「Long Time Gone」は、デイヴィッド・クロズビーがCS&Nのデビュー・アルバムのために作ったオリジナル・ヴァージョンとも違った雰囲気を帯びて説得力があります。

　このアルバムはグラミー賞のブルーズ部門でノミネイトされるほど高い評価を受けました。『Live Magic！』がいつかルーシーを迎えられるフェスティヴァルに育つように努力します！

（収録曲）

1. Mali Cuba
2. Al Viavén De Mi Carreta
3. Karamo
4. Djelimady Rumba
5. La Culebra
6. Jarabi
7. Eliades Tumbao 27
8. Dakan
9. Nima Diyala
10. A La Luna Yo Me Voy
11. Mariama
12. Para Los Pinares Se Va Montoro
13. Benséma
14. Guantamera

34

AfroCubism
"AfroCubism"
(World Circuit, 2010)

こちらもおすすめ

Buena Vista Social Club
"Buena Vista Social Club"
(World Circuit, 1997)

Buena Vista Social Club
"Buena Vista Social Club
At Carnegie Hall"
(World Circuit, 2008)

土臭さと洗練を兼ね備えた
強力なグルーヴ

　広く知られているように、『Buena Vista Social Club』の企画は本来、キューバと西アフリカのミュージシャンによる共作になるはずでしたが、アフリカのミュージシャンたちがヴィサの問題で現れなかったために、プロデューサー役を引き受けたライ・クーダーが急きょ、あの愛すべき高齢者の名人たちを集めて、後に作られたヴィム・ヴェンダーズのドキュメンタリー映画の力もあって、結果的にワールド・ミュージック界における化け物的な大ヒットとなりました。

　そして14年後の2010年、同じワールド・サーキット・レコードの経営者ニック・ゴールドはもう一度、最初の趣旨でアルバムを作ろうと決めました。その間にブエナ・ビスタの当事者たちのほとんどが亡くなってしまっていて、唯一ギターとヴォーカルのエリアデス・オチョアが、自分のグループのメンバーと一緒に参加しています。

　アフリカ側はマリのオール・スターのメンバー、ヴォーカルのカセ・マディ・ジャバテ、バラフォンのラサナ・ジャバテ、コラのトゥマニ・ジャバテ、ンゴニのバセクー・クヤテ、エレクトリック・ギターのジェリマディ・トゥンカラというドリーム・チームのようなライン・アップです。

　今回はマドリードのスタジオでの録音なので、旅の手配もスムーズだったのでしょう。1960〜70年代、植民地から独立したアフリカの多くの国で社会主義政権ができ、政治的にキューバと親密な関係を結んでいたし、またキューバのソンなどの音楽は元々アフリカからの影響で出来上がった部分も大きいので、相性は極めてよく、もっと前にこういった試みがなかったのが不思議なほどです。

　1曲目の「Mali Cuba（マリ・クーバ）」はまさにその古くからある関係を祝うような内容です。アルバムを聴いていると両側のミュージシャンがお互いのサウンドを楽しんでいる感じが濃厚です。またキューバの曲の中でもジェリマディのエレクトリック・ギターのラインが光ったり、マリの名曲ジャラビでエリアデスのアクースティック・ギターがいい味を出したり、脳内にアルファ波が流れる瞬間が次々と出てきます。

　ブエナ・ビスタと比べたらこちらは大きな話題にはならなかったものの、グラミー賞のワールド・ミュージック部門でノミネイションを受けました。アフリカの音楽をあまり聴いたことのない方には特にお薦めします。文化大国マリの凄腕たちが勢ぞろいで、土臭さと洗練を兼ね備えた強力なグルーヴの音楽です。

(収録曲)

1. 2:19
2. Heartattack And Vine
3. Clap Hands
4. 'Til The Money Runs Out
5. 16 Shells From A Thirty-Ought Six
6. Buz Fledderjohn
7. Get Behind The Mule
8. Shore Leave
9. Fannin Street
10. Jockey Full Of Bourbon
11. Big Black Mariah
12. Murder In The Red Barn
13. I Know I've Been Changed

35

John Hammond
"Wicked Grin"
(PointBlank, 2001)

こちらもおすすめ

Tom Waits
"Mule Variations"
(Anti-, 1999)

Tom Waits
"The Heart Of Saturday Night"
(Asylum, 1974)

1999年の『ミュール・ヴェアリエイションズ』はちょっとの差でこの本の選考基準に合わなかったのですが、個人的に愛聴盤ですし、当時トム・ウェイツにとって久しぶりの話題作でもありました。ジョン・ハモンドも取り上げた「Get Behind The Mule」のオリジナルも聴けます。トムとの最初の出会いだった1974年の『土曜の夜』はいまだにいちばん好きかも知れません。そんなもんですよね…。

80

ジョン・ハモンドの最高作にして、
21世紀ブルーズの傑作

　ジョン・ハモンドの父親もジョン・ハモンド。ポピュラー音楽の歴史の中で最も偉大なレコード・プロデューサーの一人として、ビリー・ホリデイからボブ・ディランまで何人もの大物アーティストを発掘した人でした。ロバート・ジョンスンの最初のLP（『King Of The Delta Blues Singers』）を1961年に企画したのも彼でした。

　その翌年にデビューした息子のジョン・ハモンドは、ロバート・ジョンスンに代表されるようなディープなブルーズを得意とします。当時イギリスではちょうどローリング・ストーンズがデビューする頃で、エリック・クラプトンはまだヤードバーズでやっていたし、戦前のブルーズに注目する白人はまだ非常に少なかった頃です。そこはさすがに家庭環境の影響もあったでしょう。

　しかし、一生懸命ブルーズを研究して真面目にそのサウンドを再現していた彼の音楽にはぼくはあまり興味を持てませんでした。どうしてもオリジナルには勝てないような印象があって、さほど注目していなかった、というのが正直なところです。

　そこでこれです！ すでに40年に近い活動歴を持っていたハモンドはトム・ウェイツの曲ばかりを取り上げたこのアルバム（最後の曲だけトラディショナルなスピリチュアルです）を出すことで、59

歳で突然カッコいいイメージに変わりました。ウェイツ自身がプロデューサーとして関わっていて、このアルバムのために2曲書き下ろしていますし、数曲でギターを弾いています。

　またトム・ウェイツのレコードでも演奏するベイスのラリー・テイラーやハーモニカのチャーリー・マスルワイト、ダグ・サームの歴代のバンドでキーボードを担当していたオーギー・マヤーズが参加することで、全員白人ではありますが、本格的なブルーズの雰囲気が濃厚に出ています。トム・ウェイツ自身の音楽にもあるような、ややアナーキックな感じ、つまりあまりリハーサルせずに新鮮味を第一優先している感じがいいです。

　語呂のよさを武器にして、歌詞の具体的な意味が今一つ分からないトム・ウェイツの曲は、元々ブルーズによく似合う土臭さがあるし、もしトムの歌声（と言っていいかな？）をあまりにも壊れすぎていて好きになれない人でも、ジョン・ハモンドのヴァージョンでは十分楽しめるはずです。

　めちゃ渋いレコードなのですが、ジョン・ハモンドの最高の作品、そして個人的には21世紀ブルーズの傑作だと思います。

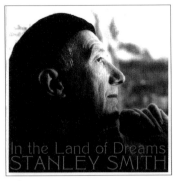

In the Land of Dreams
STANLEY SMITH

(収録曲)

1. Riverboat Dreams
2. Sweet Butterfly
3. Stanleys' Whistle
4. Up From The Bottom
5. Oh Mama
6. Took Hold Of A Gypsy
7. Bluesy Little Tune
8. New Dreams
9. Your Eyes Are Smiling
10. Country John

Stanley Smith
"In The Land Of Dreams"
(Spanks-A-Lot, 2002)

こちらもおすすめ

Taj Mahal
"The Natch'l Blues"
(Columbia, 1968)

Al Green
"Greatest Hits"
(Hi, 1975)

スタンリー・スミスがライヴでよく歌う「おれは田舎へ行って、郵便箱を青に塗り替えるんだ」。楽しくスウィングするシャフルの曲は元々タージ・マハールが60年代終盤のこのアルバムで作ったものでした。その時代には珍しく黒人としてブルーズ・ロックのようなことをやっていて、次第にソウルもフォークもレゲェなども視野に入れた草分け的な人です。スタンリーの「Sweet Butterfly」を聴けばたぶん誰でもアル・グリーンのことを連想するでしょう。甘い響きのソフトなメンフィス・ソウル、今聴いてもしびれます！

繰り返し聴くうちにクセになる、
静かな感動を呼び起こす名盤

　かつてアサイラム・ストリート・スパンカーズというちょっと変わったグループがテクサス州のオスティンにありました。古いジャズやブルーズも際どいユーモアのオリジナル曲もやる完全にアクースティックなバンドで、ステージではマイクすら使わないのがユニークでした。当然、小規模の会場でしか演奏しないグループでしたが、スタンリー・スミスはそのスパンカーズのクラリネット奏者で、メンバーの中で全然目立たない地味な存在でした。

　その彼が、この連載で何度も引き合いに出しているバッファロー・レコードからいきなりソロ・アルバムを出した時、名前だけではピンと来ませんでした。でも、バッファローを営んでいたダグは友だちで、スタンリーのことを色々と説明してくれたので、パッとしないアルバム・ジャケットにもかかわらずちゃんと聴きました。そして感激したのです。

　それはとても静かな感激です。スタンリーの極めて抑えた表現に対して大きな感激はできません。「抑えた」という言葉もよくないかも知れません。彼は抑えているのではなく、自然に余計な力がすべて抜けているだけのことでしょう。

　ここではクラリネットを少ししか吹かず、歌とギターが中心です。その歌はアメリカ南部の田舎のどこかで、家の軒先辺りでたそがれ時にでも勝手にぼそぼそ

と呟いている感じで、何となくJ.J.ケイルの雰囲気を思い起こさせます。ケイルの音楽と同じように、普段着姿なので特に気になるものではありませんが、聴き終わった後でまたすぐに聴きたくなる魅力があります。CD時代の作品にしては短いのですが、繰り返し聴いているうちに完全にクセになります。

　2曲目の「Sweet Butterfly」はアル・グリーンが得意とした落ち着いたファンクのゆったりしたグルーヴがたまらなくて、一時期ラジオで何回もかけた曲です。アルバムの最後に入っている唯一のカヴァー曲、アラン・トゥーサントの「Country John」もスタンリーの雰囲気にぴったりの選曲です。

　彼は何度か来日していて、全国のライヴ・ハウスを回ったので覚えている方もいると思います。また2014年に第1回の『Live Magic !』にも出てもらって、ボブ・ディランやタージ・マハールのレパートリーに古いブルーズなどで久しぶりに彼の魅力を楽しめました。

　今どんなことをしているのかな。最近はあまり話題を聞きませんが、また呼ばなくちゃ！

Various Artists
"Goin' Home (A Tribute To Fats Domino)"
(Vanguard, 2007)

こちらもおすすめ

Fats Domino
"Live From Austin TX"
(New West, 2006)

Various Artists
"Crescent City Soul - The Sound Of New Orleans 1947-1974"
(EMI, 1997)

(収録曲)

DISC 1
1. Ain't That A Shame — John Lennon
2. I'm Walkin' — Tom Petty & The Heartbreakers
3. Goin' Home — B.B. King with Ian Neville's Dumpstaphunk
4. Blueberry Hill — Elton John
5. My Girl Josephine — Taj Mahal and The New Orleans Social Club
6. Every Night About This Time
   — The Dirty Dozen Brass Band with Joss Stone and Buddy Guy
7. I Want to Walk You Home
   — Paul McCartney featuring Allen Toussaint
8. Whole Lotta Loving
   — Lenny Kravitz with Rebirth Brass Band, Troy "Trombone Shorty" Andrews, Fred Wesley, Pee Wee Ellis and Maceo Parker
9. Don't Leave Me This Way — Dr. John
10. I'm In Love Again / All By Myself — Bonnie Raitt and Jon Cleary
11. Please Don't Leave Me — Art Neville
12. Going To The River — Robbie Robertson with Galactic
13. Blue Monday — Randy Newman
14. It Keeps Rainin' — Robert Plant with Lil' Band O' Gold
15. One Night (Of Sin) — Corinne Bailey Rae

DISC 2
1. Walking To New Orleans — Neil Young
2. Valley Of Tears — Robert Plant and The Soweto Gospel Choir
3. My Blue Heaven — Norah Jones
4. Honey Chile — Lucinda Williams
5. Rising Sun — Marc Broussard, Sam Bush
6. When I See You
   — Olu Dara and The Natchezippi Band featuring Donald Harrison, Jr.
7. Be My Guest — Ben Harper with The Skatalites
8. Let The Four Winds Blow — Toots & The Maytals
9. I Hear You Knockin' — Willie Nelson
10. I Just Can't Get New Orleans Off My Mind
    — Irma Thomas and Marcia Ball
11. Don't Blame It On Me — Bruce Hornsby
12. I'm Gonna Be A Wheel Today
    — Herbie Hancock with George Porter, Jr., Zigaboo Modeliste and Renard Poché
13. The Fat Man — Los Lobos
14. So Long — Big Chief Monk Boudreaux, Galactic
15. When The Saints Go Marching In
    — Preservation Hall Jazz Band with Walter "Wolfman" Washington and Theresa Andersson

超豪華アーティストによる、
出来すぎというくらい楽しいアルバム

　2019年6月に100歳で亡くなったデイヴ・バーソロミューは、ファッツ・ドミノの多くのヒット曲の作者とプロデューサーとして有名でした。まだロックンロール革命が本格化するちょっと前の50年代前半からヒット曲を連発したファッツと、彼を発掘したバーソロミューの役割は極めて大きかったのです。

　ニュー・オーリンズの優れたミュージシャンたちと共に、常に楽しくて踊りたくなるような音楽を作り続けたファッツは、60年代以降も活動を続けてはいましたが、2005年のハリケイン・カトリーナがニュー・オーリンズを襲った時、77歳だったファッツの家は洪水にのまれてしまい、本人は屋根の上からヘリコプターで救出されました。その後2017年に89歳で亡くなりました。

　このトリビュート・アルバムはカトリーナの2年後、2007年に制作されました。冒頭のジョン・レノンの「Ain't That A Shame」だけ70年代の録音ですが、それ以外は驚くほどの大物アーティストによるこのアルバムのための新録音です。

　共演がたくさんあり、多くの場合はニュー・オーリンズのミュージシャンを含む組み合わせになっています。例えばファッツの代役を務めることで注目を浴び、その次のニュー・オーリンズの黄金時代を築くことになるアラン・トゥーサントはポール・マカートニと一緒に「I Want to Walk You Home」を担当。

　これに負けない意外なコンビが他にもいます。ミーターズのメンバーと組んだハービー・ハンコックは「I'm Gonna Be A Wheel To Someday（アイム・ゴナ・ビー・ア・ウィール・サムデイ）」をSomedayをTodayと変えて取り上げています。この類いのトリビュート・アルバムではよく名前を見かけるアーティストも多いのですが、決して「お仕事」としてやっている印象はなく、全体的にとても満足感の高い作品です。

　ファッツの黄金時代に、まだ10代でプロのミュージシャンとして活動し始めたドクター・ジョンは「Don't Leave Me This Way」を演奏します。彼は2019年6月、77歳で世界中のファンに惜しまれながら亡くなりました。彼と仲がよかったジョン・クリアリーは長年ニュー・オーリンズ在住のイギリス人ピアニスト／ヴォーカリストですが、彼が以前バンド・リーダー的な役割を果たしたボニー・レイトと二人でファッツの「I'm In Love Again / All By Myself」を聴かせます。

　他にトム・ペティ、エルトン・ジョン、ロス・ロボス、ノーラ・ジョーンズ、ロバート・プラントなど、出来すぎというぐらいの楽しいアルバムです。

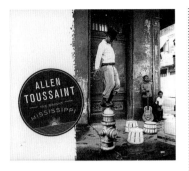

(収録曲)

1. Egyptian Fantasy
2. Dear Old Southland
3. St. James Infirmary
4. Singin' The Blues
5. Winin' Boy Blues
6. West End Blues
7. Blue Drag
8. Just A Closer Walk With Thee
9. Bright Mississippi
10. Day Dream
11. Long, Long Journey
12. Solitude

Allen Toussaint
"The Bright Mississippi"
(Nonesuch, 2009)

こちらもおすすめ

Allen Toussaint
"Southern Nights"
(Reprise, 1975)

Various Artists
"Rolling With The Punches -
The Allen Toussaint Songbook"
(Ace, 2012)

アラン・トゥーサントが初めて取り組んだ、ニュー・オーリンズの「伝統音楽」

　アラン・トゥーサントといえば、ピアニスト、ソングライター、編曲家、プロデューサーとして1960年代から70年代のニュー・オーリンズで無数の名盤を生み出したミュージシャンです。ニュー・オーリンズというところは、70年代までは主にジャズの発祥の地として世界的に知られていました。ニュー・オーリンズで活動する他のジャンルのミュージシャンでももちろんルイ・アームストロングやシドニー・ベシェーなどのことを知らない人はいなかったはずですが、それでもアラン・トゥーサントは自分の故郷の「伝統音楽」に取り組んだことは一度もありませんでした。

　そこに登場したのがジョー・ヘンリーというプロデューサーです。このアルバムの前にすでにトゥーサントとエルヴィス・コステロの共作『The River In Reverse』を手がけた彼の提案をトゥーサントが受け入れた結果、全くユニークな作品が生まれました。

　ジョー・ヘンリー自身がシンガー・ソングライターでもあり、プロデューサーとして関わるアルバムで選曲作業にも積極的に参加する人です。このアルバムの中にはニュー・オーリンズとゆかりあるベシェーの「Egyptian Fantasy（エジプシャン・ファンタシー）」やアームストロングのヴァージョンが有名な「West End Blues（ウェスト・エンド・ブルーズ）」、ジェリー・ロール・モートンの「Winin' Boy Blues（ワイニン・ボイ・ブルーズ）」（この曲だけブラッド・メルダウがピアノでゲスト）、またニュー・オーリンズのミュージシャンなら誰もが演奏する「St. James Infirmary（セイント・ジェイムズ病院）」といった鉄板の曲も含まれていますが、どれも当たり前な演奏ではなく、トゥーサントが得意とするR&B的な味わいが滲み出たり、またクラシック風のニュアンスもあったり、彼ならではの音楽となっています。

　またバックではマーク・リーボウの丁寧なアクースティック・ギターが全面フィーチャーされていますし、クラリネットのドン・バイロンとトランペットのニコラス・ペイトンの存在でニュー・オーリンズのジャズの匂いが濃くなります。アルバムのタイトル曲「Bright Mississippi（ブライト・ミシシピ）」はセロニアス・マンクの作品。トゥーサントとは別世界のような印象ですが、聴いてみると何の違和感もなく、彼の解釈になっていて見事です。

　このアルバムの企画を更に拡大した続編の作品『American Tunes』は2016年に発表されましたが、その制作がほぼ完成に近い2015年10月、スペインのマドリッドでコンサートを終えたトゥーサントは急な心臓発作のため、77歳で帰らぬ人となりました。

(収録曲)

1. Cler Achel
2. Mano Dayak
3. Matadjem Yinmixan
4. Ahimana
5. Soixante Trois
6. Toumast
7. Imidiwan Winakalin
8. Awa Didjen
9. Ikyadarh Dim
10. Tamatant Tilay
11. Assouf
12. Izarharh Ténéré

Tinariwen
"Aman Iman
– Water Is Life"
(Independiente, 2007)

こちらもおすすめ

Tinariwen
"The Radio Tisdas Sessions"
(Wayward, 2001)

Tamikrest
"Taksera"
(Glitterbeat, 2015)

ティナリウェンがかなり話題になったのでその後次々とトゥアレグの似た感じのバンドが登場しました。タミクレストもそのひとつで、2006年にマリで結成されました。色々あるトゥアレグのバンドの中で比較的ロックの影響も顕著で、現在ギターとキーボードでヨーロッパのメンバーもいますが、ノリがよくてリーダーのウスマン・アグ・モサがマーク・ノプフラーのギターを好むのがよく分かります。

遊牧民族による、
素晴らしい「砂漠のブルーズ」

ぼくが最も好きだったラジオのDJは、イギリスのBBCのロンドンのローカル局でずっと地道に番組をやっていたチャーリー・ギレットです（2010年死去）。まだ日本からインタネットで聴けなかった頃は母親に頼んでカセットでエア・チェックしたものを月に一度送ってもらっていたのです。その中で2001年のある時、絶対に番組のテーマ曲に向くインストルメンタルの曲がありました。

聴いたこともないミュージシャンJustin Adamsの「Wayward」というこの曲をどうやって手に入れるかも分からず、チャーリーに問い合わせのメイルを送ったら丁寧にマネジャーの連絡先を教えてくれて、CDを送ってもらいました（ぜひSpotifyで検索してみてください）。

その後、そのマネジャーからジャスティンがティナリウェンというバンドのデビュー・アルバムをプロデュースしたことも知りました。「砂漠のブルーズ」との出会いです。ティナリウェンは大昔からサハラを行き交うトゥアレグという遊牧民族のバンドです。本来、国境とは無縁の生活を営んでいたトゥアレグは、植民地時代のヨーロッパの宗主国が勝手に引いた国境線に悩まされ、蜂起を起こしては軍に制圧され、武器をエレクトリック・ギターに替えたと言われています。

その真偽はともかく、複数のギターと

チャントのような反復の歌、そして手拍子中心のパーカッションというミニマルなサウンドはいかにも乾ききったサハラを思わせるもので、うねるようなリズムを聴いているとラクダに乗ったトゥアレグのカラヴァンのイメージが容易に頭に浮かびます。

因みに彼らは一応マリのバンドになっていますが、トゥアレグはアルジェリアやニジェールなどにも存在します。この『Aman Iman（アマン・イマン）』は3作目で、これもジャスティンがプロデュースしています。デビュー作からの6年の間に簡素だったサウンドは、ベイシストが参加したお陰で少し膨らんでいます。

決して聴き手に媚びるようなことをしないグループですが、例えば「Matadjem Yinmixan（どうしてこんなに憎しみを？）」という曲はシンプルですが必ず合唱したくなる素晴らしいメロディです。ティナリウェンを中心に「砂漠のフェスティヴァル」が開催されるほどこの音楽への注目度が増したのですが、2010年代に入るとマリ北部におけるイスラム過激派の活動のためフェスは中止になり、ティナリウェンも活動の場をアメリカに移しました。

（収録曲）

1. Moto Moindo
2. Polio
3. Je T'Aime
4. Sala Keba
5. Moziki
6. Sala Mosala
7. Avramandole
8. Tonkara
9. Marguerite
10. Staff Benda Bilili
11. Mwana

◆40

Staff Benda Bilili
"Très Très Fort"
(Crammed Discs, 2009)

こちらもおすすめ

Ian Dury & The Blockheads
"Mr. Love Pants"
(CNR, 1997)

Kékélé
"Rumba Congo"
(Stern's Africa, 2001)

肉体の障害（ポリオ）をものともせず、衝撃的な音楽をつくったイギリスのイアン・デューリーが生前最後に出した1997年の『Mr. Love Pants』は彼にとって久しぶりの名盤。癌との闘い（2000年に死亡）が行間から滲み出ています。ケケレはいうならばコンゴのブエナ・ビスタ・ソシアル・クラブに相当するユニットで、かつてのコンゴ流ルンバを和やかに再現したアルバムは素敵です。

たんなる話題性だけで終わらせたくない、魅力あふれるアルバム

　音楽的にも優れた作品ですが、このスタッフ・ベンダ・ビリリは背景の物語がとにかく多くの人の心に響きます。コンゴの首都キンシャサで暮らすメンバーは子供の頃にポリオを患って、自分たちで集めた色々な部品で作った自作の三輪車いすで移動するのですが、障害のためになかなか一般のミュージシャンからは相手にされず、このバンドを結成しました。

　障害者の他に何人か路上で暮らす孤児の若者の面倒を見るようになり、彼らはリズム・セクションを務めるようになりましたが、そこに一人の強者が加わることになりました。ロジェは当時16歳でした。この少年は大きめの空き缶に木の棒を突っ込み、そこに釣り糸を一本張ると即席一弦スライド・マンドリン（？！）のような手作りの楽器が出来上がり、これをロジェ君は独学の驚くべきテクニックで高音のメロディを展開します。

　スタッフ・ベンダ・ビリリは一千万人の大都市であるキンシャサの意外に閑散とした動物園を練習場所にし、路上で演奏して小銭を集めていました。そこでドキュメンタリー映画の撮影に来ていたフランス人に注目され、結局ベルギーのプロデューサーがキンシャサの動物園の一部を利用して、ほとんどフィールド・レコーディングに近い方法でアルバムを制作したのです。

　YouTubeでヴィデオが話題となり、たちまちこのバンドは当時のワールド・ミュージック界に旋風を起こしました。いわゆるコンゴ流ルンバが下敷きになっていて、曲によってレゲェの影響もありますが、映像を見なければメンバーの半分が障害者であることを誰も想像しないでしょう。しかし、そのことで話題が広がるのは仕方がないとしても、若干見せ物的な取り上げ方になったことも否定できません。来日もしましたが、日比谷野音で見た公演のエネルギーは凄まじいものでした。

　このアルバムはかなりのヒットとなり、バンドはヨーロッパ・ツアーも行うことになったのですが、そこでお金の問題が勃発して、そのいざこざの結果、残念ながら中心メンバーが脱退して解散となってしまいました。にわかに成功するとどのバンドでも起こりうる話ではありますが、奇跡的にいい形になっていたスタッフ・ベンダ・ビリリがあっけなくそのように終わってしまうのはあまりにももったいないことでした。10年後に聴いても魅力は全く薄れないアルバムです。個人的には「Moziki」が大推薦！

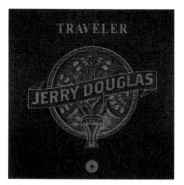

41

Jerry Douglas
"Traveler"
(eOne, 2012)

(収録曲)

1. On A Monday
2. Something You Got feat. Eric Clapton
3. So Here We Are
4. The Boxer feat. Mumford & Sons, Paul Simon
5. Duke And Cookie
6. High Blood Pressure feat. Keb Mo
7. Gone To Fortingall
8. Right On Time feat. Marc Cohn
9. American Tune / Spain
10. Frozen Fields feat. Alison Krauss & Union Station
11. King Silkie

こちらもおすすめ

Alison Krauss & Union Station
"Live"
(Rounder, 2002)

The Earls Of Leicester
"The Earls Of Leicester"
(Rounder, 2014)

ジェリー・ダグラスの
"次元の違うドブロ"を聴く

　ぼくがキュレイターを務めるフェスティヴァル、『Live Magic！』の特徴のひとつは、スライド・ギターの名人がほぼ毎年出演していることです。つまり自分がそれだけ聴きたいものだということです。高校生の頃に好きになったロバート・ジョンスンやエルモア・ジェイムズから始まって、70年代にはドゥウェイン・オールマン、ライ・クーダー、リトル・フィートのロウェル・ジョージ、デイヴィッド・リンドリーなど、最近ではサニー・ランドレスや天才的なデレク・トラックスに至る長い道程です。

　色々あるスライド・ギターの中で、主にブルーグラスやカントリー・ミュージックで使われるドブロは木のボディの中に共鳴盤が埋め込んであり、ちょっと乾いた独特の響きがあります。ドブロのすごい人は何人かいますが、ジェリー・ダグラスは次元が違います。

　ぼくが最初に注目したのはたぶんアリスン・クラウスというポップなブルーグラス・シンガーのバック・バンド、ユニオン・ステイションのメンバーとしてだったかも知れません。でも、ヴォーカルのバックで演奏していても、一度でも彼のプレイを耳にすればゾクゾクするほどその演奏にはマジックがあります。

　2014年に開催された第1回の『Live Magic！』のヘッドライナーにジェリー・ダグラスを選んだのは自然の成り行きで

した。ユニオン・ステイションという考えもありましたが、アリスン・クラウスは遠出をしない歌手だということで断念し、ジェリー自身のバンドをブッキングしました。

　その2年前にジェリーの最新ソロ・アルバムが出ていて、彼が得意とするブルーグラスではなく、実に多様なレパートリーに挑む作品でした。ブルーズあり、フォークあり、R&Bやジャズ風の曲もあって、ゲストにエリック・クラプトン、ポール・サイモン（「The Boxer」を本人と当時大きな話題を呼んでいたマムフォード＆サンズと共演）、アリスン・クラウスたちも出ます。

　ケルトの音楽にも造詣が深いジェリーはスコットランドの集落を目指す、というイメージの「Gone To Fortingall（ゴン・トゥ・フォーティンゴール）」で実に美しいメロディを演奏し、それに絡むベラ・フレックのバンジョーも素晴らしいです。

　ポール・サイモンの「American Tune」とチック・コリアの「Spain」のメドリーと言えば、一見唐突な感じがすると思いますが、アルバムの中で聴くとスリリングです。一人でドブロの多重録音をするジェリー・ダグラスの感性と手腕はこの曲でフルに堪能できます。バランスのとれたとても聴き応えのあるアルバムです。

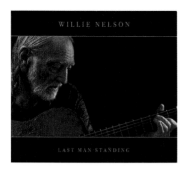

(収録曲)

1. Last Man Standing
2. Don't Tell Noah
3. Bad Breath
4. Me And You
5. Something You Get Through
6. Ready To Roar
7. Heaven Is Closed
8. I Ain't Got Nothin'
9. She Made My Day
10. I'll Try To Do Better Next Time
11. Very Far To Crawl

42

Willie Nelson
"Last Man Standing"
(Legacy, 2018)

こちらもおすすめ

**Willie Nelson
"Summertime: Willie Nelson
Sings Gershwin"**
(Legacy, 2016)

**Willie Nelson
"American Classic"**
(Blue Note, 2009)

"アウトロー・カントリー・ミュージシャン" の矜持

　若い頃はカントリー・ミュージックをダサいと感じたし、年寄りの気持ちは分からなかったので、このアルバムに注目するはずはありませんでした。10代の頃にはウィリー・ネルスンの名前すら知らなかったと思いますが、16歳の時に買って深くのめり込んでいたB.B.キングのライヴ・アルバム『Blues Is King (ブルーズ・イズ・キング)』の中の名演「Night Life」の作者が彼であることを知ったとしても、さほど気に留めなかったかも知れません。

　最初はソングライターとして知られていたウィリー・ネルスンは70年代半ばに「アウトロー・カントリー」と呼ばれた動きの代表的な歌手の一人として話題になり、スタンダードばかりを特集したアルバム『Stardust』が大ヒットしました。そんなことを知っていながらも当時は積極的に聴こうとせず、ダニエル・ラノアがプロデュースした1998年の『Teatro (テアトロ)』が実質的にぼくの初ウィリーでした。その頃にはぼくも40代後半になっていて、カントリーに対する苦手意識も消えていました。余計な力の抜けた彼の乾いた歌声とさりげなく巧いガット・ギターの弾き方が気に入ったのでした。

　その後ソロ作の他に、例えばウィントン・マーサリスとノーラ・ジョーンズと一緒に作ったレイ・チャールズへのトリビュート盤も素晴らしく、ウィリー・ネルスンがどんなジャンルの歌でも見事にこなせる人であることが分かってきました。

　でも、基本的にはカントリーの世界の人です。現在の彼は86歳で、8月には呼吸の問題で医者にかかるからということでツアーを中断しましたが、ここ数年アルバムを立て続けに発表して、アーティストとして極めて快調です。

　この「Last Man Standing」というタイトルは仲間が次々とあの世に去って行く中で一人だけ踏ん張っているようなニュアンス。「天国は閉鎖中、地獄は混みあっているから、もうしばらくここにいるさ」とか、「コウシュウってどう綴るか昔から分からないけど、息がない状態よりは臭い息でもマシだろうから、悪く思わないでちょうだい」とか、老いてこそ思いつくような自嘲的な苦笑いが見えそうな歌詞があちらこちらにあります。

　アルバムの中で最もジーンと響くのは「Something You Get Through」という曲です。「愛おしい人を亡くした時、この世の終わりのような気がする。でも、命というものは、他の人の中で続くものだ。その悲しさは乗り越えることは無理だとしても、何とかやり抜くしかない」。

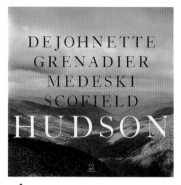

43

Hudson
"Hudson"
(Motéma, 2017)

(収録曲)

1. Hudson
2. El Swing
3. Lay Lady Lay
4. Woodstock
5. A Hard Rain's A-Gonna Fall
6. Wait Until Tomorrow
7. Song For World Forgiveness
8. Dirty Ground
9. Tony Then Jack
10. Up On Cripple Creek
11. Great Spirit Peace Chant
12. Castles Made Of Sand (bonus track)

Jack DeJohnette (drums), Larry Grenadier (bass), John Medeski (keyboards), John Scofield (guitar)

こちらもおすすめ

Jack DeJohnette
"Sound Travels"
(eOne, 2012)

Medeski Scofield Martin & Wood
"Out Louder"
(Indirecto, 2006)

ジャズをこれから聴いてみたい人にもおススメしたい、クロス・オーヴァーなアルバム

ジャズという音楽は100年以上の歴史があって、その間に何度か革命が起きています。「ジャズが好きですか」と聞かれても、どう答えていいか分からないことがあります。簡単にいえば好きですが、どんなジャズでも好きかというとそうではありません。リズム感とか、楽器編成とか、やはり好みがありますが、その好みは自分の世代とかなり深く関係しています。

ぼくがジャズを多少真面目に聴き始めた高校生時代は1960年代後半だったので、ロックとの接近が起き始めていました。この「Hudson（ハドスン）」を成す4人のミュージシャンは全員その時期以降に活動した人たちで、ジャズのスウィング感を大前提にロックやファンクやレゲエなどの要素が加わり、ノリという意味ではまさしくぼく好みのサウンドです。

このプロジェクト名「Hudson」はメンバーが皆暮らす地域、ニューヨークの北の方に伸びるハドスン川の谷のことを指します。またこの地域で有名なウッドストックという町が色々と絡みます。ジョーニ・ミチェルが作った曲「Woodstock」も演奏していますし、ウッドストックの最も有名な住人だったボブ・ディラン、そしてこの町を象徴したザ・バンドの曲、更にウッドストック・フェスティヴァルの大トリを務めたジミ・ヘンドリクスの曲も取り上げています（日本国内盤にはジミのもう1曲「Castles Made of Sand（キャッスルズ・メイド・オブ・サンド）」がボーナスで収録されています）。

ギターのジョン・スコーフィールドの自作曲「Tony Then Jack」はたぶんマイルズ・デイヴィスのいわゆるエレクトリック時代にドラマーを務めたトーニー・ウィリアムズ、そしてこのハドスンのジャック・ディジョネットのことでしょう。独特のブルージーな感覚がたまらないスコーフィールドも80年代にマイルズのバンドに参加していましたし、キーボードのジョン・メデスキが時々使うサイケデリックな音色も70年前後のマイルズの音楽を彷彿とさせます。

ポップなレパートリーを取り上げることで周りのミュージシャンを「ジャズ」という概念の束縛から解放したマイルズへのリスペクトは間接的にこのアルバムから感じますが、50年ほど前の曲を取り上げているとはいえ、この4人は間違いなく今の音楽を作っています。全体はとても聴きやすいアルバムですが、彼らの即興は真剣そのものです。ジャズをこれから聴いてみようかな、という人に躊躇せずにお薦めできる一枚です。

(収録曲)

1. Little Bit
2. If All I Was Was Black
3. Who Told You That
4. Ain't No Doubt About It (feat. Jeff Tweedy)
5. Peaceful Dream
6. No Time For Crying
7. Build A Bridge
8. We Go High
9. Try Harder
10. All Over Again

◆44

Mavis Staples
"If All I Was Was Black"
(Anti-, 2017)

こちらもおすすめ

Staple Singers
"A Family Affair 1955-1984"
(Kent Soul, 2004)

Pops Staples
"Don't Lose This"
(dBpm, 2015)

人種差別や不平等などを扱いながらも、 あくまでポジティヴな姿勢を崩さないメイヴィス

2019年で80歳になったメイヴィス・ステイプルズは、まだ子供だった1950年代の初頭から、驚くほど低くて成熟した歌声でお父さんと兄弟と一緒にやっていたステイプル・シンガーズという家族のゴスペル・グループのリード・シンガーでした。お父さんと仲がよかったマーティン・ルーサー・キングの影響で60年代半ばの公民権運動の時代からプロテスト・ソングなども歌うようになり、その後ファンクの時代にはぼくが「メッセージ・ソウル」と呼ぶ独自のスタイルを確立しました。

70年代初頭の「Respect Yourself」や「I'll Take You There」という大ヒット曲はいつ聴いても飽きない名演です。ステイプル・シンガーズが活動を停止した80年代以後のメイヴィスは、70年代から時々出していたソロ・アルバムを作り続けたものの、彼女の声が大好きだったプリンスが手がけても、今ひとつしっくり来るものはありませんでした。しばらくの間そんな低迷の時期が続いたのですが、2000年代に入ってから、すでに60代にもかかわらず、木調子を取り戻し、特にAnti-というインディのレーベルと手を組んだ2007年以降は力作が続いています。

ずっとシカゴを拠点にしているメイヴィスに、同じくシカゴで活動するバンド、ウィルコのリーダー、ジェフ・トゥウィーディという良き理解者がプロデューサーとして登場してから充実した作品が多く、その最たるものがこのアルバムです。基本的にジェフ・トゥウィーディがメイヴィスのために書き下ろした曲が多く、人種差別、不平等などをテーマにしつつもあくまでポジティヴな姿勢を崩さないメイヴィスの歌が感動的です。

メイヴィスが共作している曲が3曲あります。アルバムのタイトル曲の意味は、「黒人であることがもし私のすべてだったら」。他に、「銃弾は跳び、人々が死んでいるけど、泣いている暇なんてない、やることがいっぱいあるよ」、そして「We Go High」はミシェル・オバマの言葉を借りて、「相手が嘘をついたり噂を広めたり、汚い手を使っても、私たちはその真似をせずに志を高く持ったまま、全員が仲よくなれるように努力する」。今のトランプ政権下のアメリカでは青臭く響く言葉かも知れませんが、誰かがこう言わないとますます泥沼に陥る一方のように思えます。このアルバムの発売時期が11月で、すでに2017年度の年間ベストを発表した後でしたが、1年経ってもインパクトは減りませんでした。

（収録曲）

1. Ruby
2. Sabu Yerkoy
3. Be Mankan
4. Doudou
5. Warbé
6. Samba Geladio
7. Sina Mory
8. 56
9. Fantasy
10. Machengoidi
11. Kala Djula

Ali Farka Touré &
Toumani Diabaté
"Ali & Toumani"
(World Circuit, 2010)

こちらもおすすめ

Ali Farka Touré with Ry Cooder
"Talking Timbuktu"
(World Circuit, 1994)

Toumani Diabaté
"Kaira"
(Hannibal, 1988)

いつのまにかやみつきになる、極楽気分のアフリカ音楽

　マリという国を最初に意識したのはたぶん1987年にサリフ・ケイタの歌を聴いた時だと思います。それまでアフリカの音楽といえばナイジェリアのフェラ・クティ、そしてキング・サニー・アデを少し知っていて、ピーター・ゲイブリエルを通じてセネガルのユッスー・ンドゥールを聴き始めていたところでしたが、サリフの声にはすごい衝撃を受けました。

　その後立て続けにマリのミュージシャンとの出会いがありました。89年に来日したアリ・ファルカ・トゥーレのライヴを観て、彼の歌とギターからは10代のぼくの人生を変えたブルーズの源泉のようなものを感じました。その翌年にはコラ奏者のトゥマニ・ジャバテも来日しました。彼の独奏のアルバム「Kaira」に惚れ込んでいましたが、生で聴くトゥマニの演奏を実際に目の前で見てもにわかには信じがたい彼の演奏能力にますます感激しました。

　そうとうな広さの国土を持つマリは、地方によって民族も原語も音楽文化も違います。アリ・ファルカ・トゥーレはサハラに差しかかる北部の出身で、ソンガイとフラの血を引く人でした。トゥマニの方は南部のマンデ民族、何百年も代々続くグリオの家系です。本来コラの名人とされた父親から直接楽器の手ほどきを受けるはずですが、幼少期にポリオを患って片足が不自由なトゥマニはほ

ったらかしにされ、どうやらウォークマンでジミ・ヘンドリクスやマイルズ・デイヴィスなどの音楽を聴きながら、独学でコラをマスターしたそうです。

　どちらかといえばハープに近いこの楽器の音色は極めて繊細なものですが、その優しさもあって彼の卓越したテクニックで高度な即興をしてもとても聴きやすい印象です。アリ・ファルカのギターは比較的シンプルなものですが、彼も楽器奏者として高い評価を受けています。そしてブルーズとの類似点が強く感じられるものの、間違いなくアフリカの音になっています。トゥマニの7音階の音楽と違ってアリ・ファルカは基本的に5音階を使うので、最初はこの二人が共演すると聞いた時うまく行くものかなとちょっと懸念したのですが、全く違和感のないサウンドです。アリ・ファルカの歌をフィーチャーした数曲以外はインストルメンタルで、全編にわたってゆったりしたやさしいノリです。何度か聴いているうちにいつのまにかやみつきになる極楽気分の実に素敵な作品です。

（収録曲）

1. Got Me Wrong
2. Holland
3. Brownie Speaks
4. Baby Plays Around
5. Airegin
6. Hey Joe
7. Samba E Amor
8. Jam
9. Time Has Told Me
10. Aquelas Coisas Todas
11. Where Do You Start?

Brad Mehldau Trio
"Where Do You Start"
(Nonesuch, 2012)

こちらもおすすめ

Brad Mehldau Trio
"Day Is Done"
(Nonesuch, 2005)

Joshua Redman, Brad Mehldau
"Nearness"
(Nonesuch, 2016)

いつも予想を裏切る、
斬新な解釈が面白いピアニスト

ブラッド・メルダウはビートルズが解散した1970年に生まれました。プロのミュージシャンになったのは1990年代で、間違いなくジャズの世界で活動しているのですが、バッハの音楽を特集したアルバムもあればマンドリン奏者クリス・シーリとのデュオのアルバムがあったり、エレクトロニカを使った作品もありました。でも、基本的にはトリオでの活動が多く、2005年からベイスのラリー・グレナディアとドラムズのジェフ・バラードという編成がずっと続いています。

初期の頃に彼のライヴを何度か見て、その時々の出来のばらつきに戸惑ったことがありました。後でその頃の彼がヘロイン中毒だったことを知って何となく納得が行ったというか、少なくともだめな時がなぜそうなのか理解できた気がしました。ヘロインをやめてからもう20年は経ちますが、その後はいつ聴いても素晴らしい演奏を展開しています。自作をやっていても、驚くほど幅の広い他のソングライターのレパートリーを解釈しても、すっかり自分のスタイルで聴かせます。

リリカルな時もあり、非常にダイナミックな時もあり、メロディの発展の仕方が独特で、クラシックに近いフレーズが急にブルージーになったり、セロニアス・マンクのような意外なハーモニーが一瞬現れたり、何度も予想を裏切る面白さがあるピアニストです。

このアルバムは1曲を除けばすべてカヴァーになっています。1曲目は全く知らない曲なので調べてみたらアリス・イン・チェインズという名前しか知らないパンク・バンドの曲らしく、ブラッドの守備範囲の広さがよく分かります。

しかし、曲の出所を知らなくても彼の音楽の楽しみ方は変わらないと思います。クリフォード・ブラウンやサニ・ロリンズのよく知られたジャズのスタンダードを演奏してもあくまでブラッド・メルダウ流になるので新鮮味が保たれています。

エルヴィス・コステロやブラジルのトニーニョ・オルタの曲を取り上げているのに加えて、個人的に嬉しかった選曲はイギリスの知る人ぞ知るシンガー・ソングライター、ニック・ドレイクのデビュー・アルバム（1969年）からのさりげない名曲「Time Has Told Me」です。当時のロックの世界ではなかなか注目されにくい洗練されたコード進行のオリジナル曲のゆったりしたムードを維持しながら、ジェフ・バラードのドラミングに微妙に押されつつ、独自の美しさを醸し出します。

（収録曲）

1. Tell Me A Tale
2. I'm Getting Ready
3. I'll Get Along
4. Rest
5. Home Again
6. Bones
7. Always Waiting
8. I Won't Lie
9. Any Day Will Do Fine
10. Worry Walks Beside Me

47

Michael Kiwanuka
"Home Again"
(Polydor, 2012)

こちらもおすすめ

Michael Kiwanuka
"Kiwanuka"
(Polydor, 2019)

Michael Kiwanuka
"Out Loud"
(Polydor, 2018)

60年代〜70年代の
ソウル・ミュージックを感じさせる"大物"

1960〜70年代のソウル・ミュージックに特別な愛情を持っているせいか、その良さが感じられる音楽に出会うととても嬉しいものがあります。ディアンジェロやエリカ・バドゥーなどアフリカン・アメリカンも時々いますが、どういうわけかぼくの好きなソウルを思わせるイギリスのミュージシャンが何人かいます。その最たるものはエイミ・ワインハウスでしょう。エイミが2011年に27歳で亡くなった時、本当にショックでした。

その翌年、2012年にこのデビュー・アルバムを発表したマイケル・キワヌカは驚くほど今の時代の人という感じがしません。シンガー・ソングライター然とした雰囲気を持っていて、全体的にとても有機的な音づくりをしています。色々なところでビル・ウィザーズやテリー・キャリアーと比較されるのですが、その二人の音楽を本人も間違いなく意識しているはずです。でも、アメリカ人にはないイギリス人独特の素朴さもあります。

彼はロンドン生まれで、ぼくも10年間暮らしていた北ロンドンのマズウェル・ヒルで育ちましたが、両親は独裁者イディ・アミンの恐怖の時代にウガンダから亡命したそうです。大手のレコード会社ポリドールと契約したのですがその際、芸名を使いませんかと提案されたそうです。

つまり、アフリカの苗字の人は「ワー

ルド・ミュージック」のアーティストと勘違いされる可能性が高く、そうすれば売り上げが落ちるという単純な論理です。大手のレコード会社らしい発想ですが、子供の時から色々な差別に堪え続けてきたマイケルにとってはがっかりさせられるものです。因みに2019年に発表された彼の3作目のアルバムのタイトルは『KIWANUKA』。その中で「名前を変えない」と断言する歌詞が含まれる曲があります。それだけの自信を身に付けるのにどうやら7年かかったようです。

この『Home Again』を出した直後ぐらいにフジロックに出演した彼の演奏を見て、ぼくは興奮しました。アルバムにあるソフトな感じはライヴでも感じられますが、志の強さがひしひしと伝わってくるものがあって、大物だと思いました。控えめながらもこのデビュー作はイギリスをはじめヨーロッパ各国でチャートの上位まで上り、当時25歳にしては落ち着いた成熟を感じさせる歌と演奏力、そして曲作りの質の高さに対する評価は今聴いても変わりません。2作目の『Love And Hate』、そして3作目の『KIWANUKA』と続けて聴くと彼の更なる進化が楽しめます。

48

Béla Fleck
"Throw Down Your Heart"
(Rounder, 2009)

Chick Corea & Béla Fleck
"The Enchantment"
(Concord, 2007)

Kepa Junkera
"Bilbao 00:00h"
(Resistencia, 1999)

1. Tulinesangala
   – Béla Fleck with Nakisenyl Women's Group
2. Kinetsa – Béla Fleck with D'Gary
3. Ah Ndiya – Béla Fleck with Oumou Sangare
4. Kabibi – Béla Fleck with Anania Ngoliga
5. Angelina
   – Béla Fleck with Luo Cultural Association
6. D'Gary Jam
   – Béla Fleck with D'Gary, Oumou Sangare,
   Richard Bona, Baaba Maal, Vusi Mahlasela, Afel
   Bocoum, Anania Ngoliga, Toumani Diabaté And
   Friends
7. Throw Down Your Heart
   – Béla Fleck with Haruna Samake Trio And
   Bassekou Kouyate
8. Thula Mama – Béla Fleck with Vusi Mahlasela
9. Wairenziante
   – Béla Fleck with Muwewesu Xylophone Group
10. Buribalal – Béla Fleck with Afel Bocoum
11. Zawose – Béla Fleck with Chibite
    – The Zawose Family
12. Ajula / Mbamba
    – Béla Fleck with The Jatta Family
13. Pakugyenda Balebauo
    – Béla Fleck with Warema Masiaga Cha Cha
14. Jesus Is The Only Answer
    – Béla Fleck with The Ateso Jazz Band
15. Matitu – Béla Fleck with Khalifan Matitu
16. Mariam – Béla Fleck with Djelimady Tounkara
17. Djorolen – Béla Fleck with Oumou Sangare
18. Dunia Haina Wema / Thumb Fun
    – Béla Fleck with Anania Ngoliga / Dunia Haina
    Wema

バンジョーのルーツが
アフリカにあることを感じさせてくれるアルバム

　バンジョーという楽器は長いあいだア
メリカのカントリー・ミュージックを象
徴する存在で、あくまで白人が弾くもの
というイメージが強かったのですが、ワ
ールド・ミュージックの時代になって、
そのルーツが実はアフリカにあることが
次第に伝わってきました。そのことを大
きく印象づけたのがこのアルバムです。

　ベラ・フレックは元々ブルーグラスを
やっていた凄腕バンジョー奏者で、その
驚異的な技術でどんなジャンルの音楽
にでも挑戦するのがユニークなところで
す。彼はバンジョーが辿ってきた道を確
認するために、１ヶ月かけてアフリカの
東西４カ国（ウガンダ、タンザニア、マ
リ、ガンビア）をドキュメンタリー映画
のクルーと共に回り、各国で様々なミュ
ージシャンと共演しました。

　国際的に名の通っているミュージシャ
ンとしてはマリの女性歌手ウームー・サ
ンガレやマダガスカルのギタリスト、デ
ィガリーなど数名いますが、多くは地元
で素朴に暮らしている村人たちです。お
そらくリハーサルなどをする時間はほと
んどないままの録音となったはずです
が、見事なほどそれぞれの現場にベラ・
フレックが順応しつつ自分のバンジョー
を聴かせる様子は同じタイトルの映画で
も見ることができます。

　因みにタイトルの「Throw Down
Your Heart（心を投げ捨てる）」は、

タンザニアの内陸から奴隷船に乗るべく
海岸に連れていかれた人たちが初めて
海を見て、二度と故郷に戻れないこと
を悟った時に抱いた気持ちだそうです。
とはいえ、この曲はマリで録音され、マ
リのミュージシャンたちとの共演になっ
ています。

　バンジョーの直接の祖先と言われてい
る楽器が二つあります。どちらも西アフ
リカのもので、ひとつはマリでよく使わ
れるンゴニです。このンゴニの名手バセ
クー・クヤテの演奏は「Throw Down
Your Heart」で聴けます。音色はやや
バンジョーに近いですが、形はもっと小
さく、細長いボディです。もう一つ、ガ
ンビアで使われるアコンティングはボデ
ィが丸く弦の張り方も極めてバンジョー
と似ています。ジャタ・ファミリーとの
共演の曲で聴けるこの楽器がアメリカに
運ばれて、長い年月を経て徐々に今の
バンジョーに変化して行ったプロセスは
容易に想像できます。

　個人的にはマリの名ギタリスト、ジェ
リマディ・トゥンカラとベラ・フレックの
二人だけで演奏する「Mariam」を聴
くたびに何とも言えないマジックを感じ
ます。

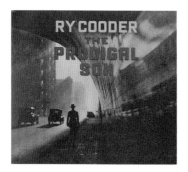

（収録曲）

1. Straight Street
2. Shrinking Man
3. Gentrification
4. Everybody Ought To Treat A Stranger Right
5. The Prodigal Son
6. Nobody's Fault But Mine
7. You Must Unload
8. I'll Be Rested When The Roll Is Called
9. Harbor Of Love
10. Jesus And Woody
11. In His Care

Ry Cooder
"The Prodigal Son"
(Fantasy, 2018)

こちらもおすすめ

Ry Cooder
"Into The Purple Valley"
(Reprise, 1972)

Ry Cooder
"Paradise And Lunch"
(Reprise, 1974)

ファンが待ち望んでいた
"古き良き"ライ・クーダー

　ぼくにとって社会の先生がボブ・ディランだとしたら、音楽の先生はライ・クーダーです。スライド・ギターをはじめ、弦楽器の天才的な職人であると同時に、アメリカ各地のルーツ・ミュージックを知り尽くしていて、様々なジャンルの古い曲を掘り起こしては独自の編曲を施してカッコよく聴かせてきました。彼がいなければ知らずに終わった名曲、あるいはフラコ・ヒメネス（メクシコ系テクサス人のアコーディオン奏者）やガビ・パヒヌイ（ハワイのスラック・キー・ギタリスト）のようなすごい人たちがどれだけ多いことか。

　しかし、ライのレコードは決して万人受けするものではなく、70年代から80年代後半まではコンスタントにアルバムを作っていたものの、長い間、確実な収入が得られる映画音楽に専念する時期が続きました。『Buena Vista Social Club』のプロデューサーとして新たに脚光を浴びた彼は2000年代にはレコード制作を再開し、故郷のLAに関するコンセプト・アルバムや政治的な内容の作品を地道に出していましたが、近年ライのドラマーを務めるようになった息子のホアキンの提案を受け入れて、昔からのファンが待ち望んでいた古き良き時代のライ・クーダーのレコードをふたたび作ってくれたのです。

　「The Prodigal Son（放蕩息子）」

というゴスペルのタイトル曲もそのことをちょっと皮肉にほのめかすものかも知れません。初期の作品と同様にこのアルバムで歌っている大部分はゴスペルの古い曲です。彼はキリスト教の信者ではありませんが、ゴスペルの音楽的な魅力がまずあって、またその歌詞が表す真っ当な価値観に共鳴すると語っています。

　例えば、"かつては派手な生活ぶりを自慢していたけれど今はまっすぐな道に戻った"という「Straight Street（ストレイト・ストリート）」（名門ゴスペル・カルテット、ピルグリム・トラヴェラーズの50年代の曲）や、"金もうけに目がくらんでいる自称クリスチャンのあなたたち、もっと身軽にならなければ天国に行けないよ"という「You Must Unload」（1920年代に活動した白人ゴスペル歌手アルフレッド・リードの作品）など、時代を超えた普遍性のある曲を選んでいます。

　自作では「Jesus And Woody（ジーザス・アンド・ウディ）」が素晴らしいです。天国でイエス・キリストがウディ・ガスリを呼び寄せて、"私も夢想家なので、君の歌を聴かせてちょうだい。ファシストより罪人の方がマシだよね。憎しみに対して、心ある君たちは力を合わせて立ち上がりなさいよ"と激励するようなユニークな曲です。

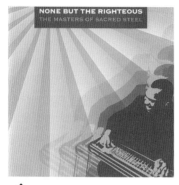

1. Jesus Will Fix It For You – Sonny Treadway
2. I Feel Good – The Campbell Brothers
3. Call Him By His Name – Glenn Lee
4. Praise Music – Aubrey Ghent
5. Little Wooden Church On A Hill – Willie Eason
6. Joyful Sounds – Glenn Lee
7. Just A Closer Walk With Thee – Aubrey Ghent
8. The Train – Maurice "Ted" Beard, Jr.
9. Jump For Joy – The Campbell Brothers
10. I Want To Go Where Jesus Is
    – Maurice "Ted" Beard, Jr.
11. Amazing Grace – Aubrey Ghent
12. Morning Train – The Campbell Brothers
13. At The Cross – Sonny Treadway
14. Can't Nobody Do Me Like Jesus – Aubrey Ghent
15. Since I Laid My Burden Down – Calvin Cooke
16. Amazing Grace – Sonny Treadway
17. God Be With You – Sonny Treadway

Various Artists
"None But the Righteous: Masters Sacred Steel"
(Ropeadope, 2002)

こちらもおすすめ

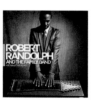

Robert Randolph & The Family Band
"We Walk This Road"
(Warner Bros., 2010)

The Word
"The Word"
(Ropeadope, 2001)

セイクリッド・スティールのシーンから若手として現れたニュー・ジャージー出身のロバート・ランドルフはロック界のミュージシャンとも共演する活動を続けています。『ザ・ワード』は彼がキーボードのジョン・メデスキとノース・ミシシピ・オール・スターズと共に作り上げたファンキーなゴスペル名盤です。

セイクリッド・スティール・ギターの
素晴らしいコンピレイション

「Sacred Steel（セイクリッド・スティール）」とは、アフリカン・アメリカンの教会でオルガンなどの代りに使用されるスティール・ギターのことです。その伝統は少なくとも1940年代に遡るようですが、1990年代の後半にアメリカのルーツ・ミュージックを専門とするArhoolie（アーフーリー）というインディ・レーベルから『Sacred Steel』というコンピレイションのCDが発表されるまでは、アメリカ各地に散らばっている極めて小さい宗派の信者たち以外にはほとんど知られない存在でした。

そのCDは旋風を巻き起こしたものでした。カントリー・ミュージックのイメージが圧倒的に強かったペダル・スティール・ギター、あるいは膝の上に乗せて弾くラップ・スティールで、ゴスペルとはいえ、非常にブルージーな演奏をする無名の名手たちが次々と登場する内容にギター好きの誰もが目を見張りました。

その後同じArhoolieから個別の演奏者のCDも発表されましたが、たくさん出た中から更に2002年にキーボード奏者のジョン・メデスキによる選曲でこのコンピレイションが発売されました。

歌が入る曲は少なく、どちらかといえばインストルメンタルが多いですが、主役のスティール・ギターは見事に歌い上げます。フレットに束縛されないステ

ィールはスライドを使うので微妙な「ブルー・ノート」を容易に表せるもので、ゴスペルやブルーズに不可欠なコブシを如実に再現できます。また、ゴスペル歌手と同じように、演奏者はみんな敬けんな信者で、その気持ちがプレイにも濃厚に出ています。

その奏者も巧い人ばかりですが、個人的にはフロリダのオーブリー・ジェントの演奏に感激しました。特にピアノとシンプルなドラムだけをバックに超スローにやる「Amazing Grace」はまるでアリーサ・フランクリンでも聴いているような鳥肌ものです。

他にもフロリダを拠点とするミュージシャンが多く、サニー・トレッドウェイや32歳で病死したグレン・リーの演奏も素晴らしいです。あくまで教会の礼拝で演奏する人たちばかりで、曲目は大抵賛美歌ですし、残念ながらコンサートでこの音楽を聴く機会はほとんどありませんが、セイクリッド・スティールの世界から独立したロバート・ランドルフのファミリー・バンドやグレン・リーの甥であるローズヴェルト・コリアーは世俗音楽の世界でとてもいい活動を続けています。

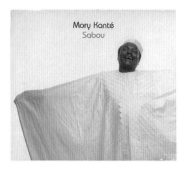

（収録曲）

1. Nafiya
2. Djou
3. Mama
4. Diananko
5. Sabou
6. Kènkan
7. Möko
8. Loniya
9. Désolé
10. Biriya (Rythmes Du Mandingue)

51

Mory Kanté
"Sabou"
(Riverboat, 2004)

こちらもおすすめ

Mory Kanté
"Akwaba Beach"
(Barclay, 1987)

Rail Band, Mory Kanté & Salif Keita
"Rail Band"
(Syllart, 1988)

音楽はこんなにも楽しいものだと 教えてくれる

　1988年1月に息子が生まれた直後、まだ子供のことが何も分からないぼくに友だちが大切なことを教えてくれました。抱っこした赤ちゃんを勢いよく揺らすとよく寝ること。不思議な気がしましたが、本当にとても効果がありました。ちょうどそういう寝かしつけ方を始めた頃に、ギニアのモリ・カンテの「Yé Ké Yé Ké（イェケ・イェケ）」という曲が世界的に流行っていて、その曲が入っているアルバム『Akwaba Beach（アクワバ・ビーチ）』のCDを家で聴きながら息子を抱っこしていたのです。頭の「Yé Ké Yé Ké」はテクノっぽいアップ・テンポのダンス・ミュージックですが、そのアルバムの3曲目の「Inch' Allah（インシャラー）」まで聴くとテンポが少し落ち着いて、そのリズムに合わせて揺らしたらあっという間に寝入りました。まぐれかなと思いつつ、翌日もその曲でまた同じようにバタンキュー。そういうこともあってモリ・カンテはぼくにとって思い出深いミュージシャンでしたが、残念ながら2020年5月に70歳で亡くなりました。

　西アフリカのグリオの家庭に生まれた彼は物心がついた頃にはその文化が身に付いていて、歌手としての才能の他、バラフォンもコラも上手でした。1970年代初頭の若い頃からマリの有名なレイル・バンドのギタリストとして演奏活動をしていましたが、リード・ヴォーカルのサリフ・ケイタが独立するとモリが彼の後釜としてヴォーカリストに抜擢されました。やがて彼も独立して、しばらくパリを拠点にしていたのですが、結局ギニアに戻り、2004年に作った『Sabou（サブー）』は『Akwaba Beach』と違って全編アクースティックな楽器を使用した名盤です。

　バラフォン、コラ、太鼓類、独特の西アフリカ流女性のバック・コーラス、乾いた音色のフルートなどが織りなすポリリズムが極めて心地よく響き合う中で、歌心満載のモリ・カンテは高く歌い上げる。曲によってはレゲェのようなゆったりしたリズムもあり、様々なサウンドを自然体でまとめるのが彼の大きな才能のひとつだったと思います。1回だけライヴを見たことがあります。このアルバムの2年後、ブルーノート東京に出た時です。それは極楽でした。音楽がこんなに楽しいものだと見せてくれた彼のヴァイタリティはこのアルバムを聴くたびに甦ってきます。アフリカの音楽を知らない方にもためらわずにお薦めできる作品です。

Sonny Landreth
"Recorded Live In
Lafayette"

(Provogue, 2017)

こ
ち
ら
も
お
す
す
め

John Hiatt
"Bring The Family"
(A&M, 1987)

Sonny Landreth
"South Of I-10"
(Zoo, 1995)

(収録曲)

DISC 1 Acoustic Set
1. Blues Attack
2. Hell At Home
3. Key To the Highway
4. Creole Angel
5. A World Away
6. The High Side
7. Bound By The Blues
8. The U.S.S. Zydecoldsmobile

DISC 2 Electric Set
1. Back To Bayou Teche
2. True Blue
3. The Milky Way Home
4. Brave New Girl
5. Überesso
6. Soul Salvation
7. Walkin' Blues
8. The One And Only Truth

もっと注目されていい、極上のルーツ・ミュージック

　1987年にアメリカの渋めのシンガー・ソングライター、ジョン・ハイアットが出したアルバム『Bring The Family（ブリング・ザ・ファミリー）』はかなり話題になりました。それは曲がよかったということはもちろんのこと、ハイアットを支えたギターのライ・クーダー、ベイスのニック・ロウ、ドラムズのジム・ケルトナーへの評価もそうとう大きかったです。翌年ジョン・ハイアットの来日公演があると知ってちょっと興奮しましたが、バックのメンバーのことは何も発表されていなくて、まさかアルバムと同じバンドで来ることはないだろうと想像していました。とはいえ、期待は膨らみ、当日会場に足を運ぶと全く知らないミュージシャンたちでしたが、演奏は素晴らしく、特に凄まじい切れ味のスライド・ギターの人には驚きました。いったい誰なんだろうと思って、終わった後関係者に聞いたらサニー・ランドレスという人だと分かったものの、何の情報もなくその後しばらく彼の話題を聞くことはありませんでした。ようやく90年代半ばに彼のソロ・アルバムが出るようになって、独自のスライド・ギターを弾く彼の個性にどんどん惹かれて行きました。そして、ルイジアナ州の南西部で育ち、ザイデコの大物クリフトン・シュニアのバンドで活動を始めたことなど、少しずつ彼のバックグラウンドも伝わってきました。

　やがてインターネットが普及し、YouTubeで彼の弾く姿をアップで見てまた驚きます。左手の小指でスライドをしながら他の指でコードをつくったり、神業的な自分だけのテクニックを持っていたことが分かったからです。他の誰とも違う、彼のスタイルです。一般的な知名度は今もありませんが、他のギタリストには高く評価され、エリック・クラプトン主催のクロスロード・フェスティヴァルには毎回出演しています。

　サニーはギターだけでなく、歌もうまいし、またいい曲を作るので、もっと大きく注目されてもおかしくないですが、人柄も素朴で、あまり自己主張もしない人のため、少し損をしているかもしれません。

　2016年に『Live Magic！』に呼びましたが、その翌年、彼の地元ラファイエットで録音されたこの2枚組のライヴ・アルバムは半分アコースティック、半分エレクトリックで、彼の自作曲の他にブルーズの名曲を少し追加した内容です。いつも行動を共にしているミュージシャンとの飾らない演奏は極上のルーツ・ミュージックです。

Chapter 2

生 涯 の 愛 聴 盤

「The Big List」について

このリストを見てぼくはちょっと不思議な感じがします。それにはわけがあります。この本のそもそもの企画は21世紀の愛聴盤を紹介することだったわけですが、それだけではページ数も少なく若干ありがたみがないので、＋αの要素を追加することになりました。

まず各愛聴盤に付随した推薦盤、それからローリング・ストーン誌に寄せたオール・タイム・ベスト50、おまけにこれまで愛聴してきた様々なアルバムのリストも、ということになったのです。過去の自分の年間ベスト、以前出した「ぼくが愛するロック名盤240」などを参考に、枚数は特に決めずにどんどんリスト・アップしていったらあっという間に手に負えない量になりそうで焦りました。これで700枚、中途半端といえば中途半端ですが、そこそこキリのいい数になったところでストップをかけました。そうしなければ1000枚にも

2000枚にもなり、それではただのカタログのようなものになりかねませんね。

しかし、その700枚を数え直したらちょっとだけオーヴァーしていて、削除したいものはないので更に中途半端にことになってしまいました。いつものことです……。

またこのリストには21世紀の愛聴盤、付随した推薦盤、RS50、その他様々がすべて一緒に混ざっているので、その意識を持たずに見るとところどころ「なぜこれを選んだっけな？」的な瞬間があります。

そのプロセスを理解していただいた上で見てもらえると嬉しいです。リストを作成するにあたって、世間の評価とか売り上げなどを全く考えていません。あくまでもぼくの好きな音楽です。

長年ラジオ番組を担当している関係で、選曲の対象になるからということで必要以上にアルバムを持って

います。家にあるものを全部聴こうと思ったら残りの人生では到底足りません。最近は昔から何度も聴いて記憶に深く刻み込まれているものより、できるだけ新しい音楽、あるいは過去のものでも発表当時に知らなかった作品を聴くことが多いです。

これまでにも書いたことがあるので「分かってるよ！」という方もいると思いますが、ぼくは昔からハード・ロック（もう死語？）の類いが苦手で、その辺りの作品は含まれていません。パンク・ロックも入っていないのですが、これはタイミングが大きいです。セックス・ピストルズが登場した1976年には、すでに25歳になっていたぼくはロンドンを離れ、東京で仕事をしていたのです。あのサウンドは10代だったら間違いなくもっと反応したと思います。

ローリング・ストーンズを聴いたところから今につながるぼくの音楽体験は始まり、そこから運命の一枚ともいえるポール・バタフィールド・ブルーズ・バンドに出会って、ブルーズをはじめブラック・ミュージックにのめりこんでいきました。気がついたらそのリズムがぼくの体に浸透していて、一般的なロックのタテノリのリズムにはいま一つ反応しなくなりました。音楽の好みを何よりもリズム感が左右するのかも知れません。

リストは編集者の意向でファースト・ネイムのアルファベット順になっています。こういったリストでは珍しく、ベスト・アルバムが多く選ばれているのは、アルバム単位ではなくシングル中心に聴いた方がいいミュージシャンや、優れた選曲のボックス・セットがあるからです。優れたコンピレイション・アルバムをたくさん選んでいるのも特徴かな。

どれもぼくがこころから薦められるアルバムです。機会があればぜひ聴いてみてください。

The Big List

	Artists	Title
A	Aaron Neville	"I Know I've Been Changed" ○
	Aaron Neville	"Bring It On Home ... The Soul Classics" △
	AfroCubism	"AfroCubism" ○
	Akiko Yano (矢野顕子)	"Japanese Girl"
	Al Green	"Greatest Hits" △
	Alabama Shakes	"Boys And Girls"
	Alan Price	"The Best Of Alan Price"
	Albert Ammons, Pete Johnson, Meade Lux Lewis	"Boogie Woogie Trio"
	Albert King	"King Of The Blues Guitar"
	Ali Farka Touré & Toumani Diabaté	"Ali & Toumani" ○
	Ali Farka Touré With Ry Cooder	"Talking Timbuktu" △
	Alison Krauss & Union Station	"Live" △
	Allen Toussaint	"The Bright Mississippi" ○
	Allen Toussaint	"Southern Nights" △
	The Allman Brothers Band	"At Fillmore East"
	The Allman Brothers Band	"Brothers And Sisters"
	Amazing Rhythm Aces	"Stacked Deck"
	The Amos Garrett, Doug Sahm, Gene Taylor Band	"The Return of the Formerly Brothers"
	Amy Winehouse	"Back To Black" ○
	Amy Winehouse	"Frank" △
	Andy Irvine & Davy Spillane	"Eastwind"
	The Animals	"The Complete Animals"
	Aretha Franklin	"Amazing Grace"
	Aretha Franklin	"Queen Of Soul: The Very Best Of Aretha Franklin"
	Aretha Franklin And King Curtis	"Live At Fillmore West – Don't Fight The Feeling"
	Arthur Alexander	"The Greatest"
	Aurelio	"Lándini"
	Average White Band	"Average White Band"
	Average White Band	"Cut The Cake"
	Average White Band	"Person To Person"
B	B.B. King	"Blues Is King"
	B.B. King	"Live At The Regal"
	The Band	"Music From Big Pink" ☆

The Band	"Rock Of Ages (The Band In Concert) "
The Band	"Stage Fright"
The Band	"The Band"
Bassekou Kouyate & Ngoni Ba	"Segu Blue"
The Beach Boys	"20 Good Vibrations — The Greatest Hits"
The Beatles	"Revolver" ☆
The Beatles	"The Beatles In Mono"
Béla Fleck	"Throw Down Your Heart" ○
Ben Sidran	"Dylan Different" ○
Ben Sidran	"Puttin' In Time On Planet Earth" △
Bert Jansch	"Bert Jansch"
Bettye LaVette	"Interpretations: The British Rock Songbook" ○
Bettye LaVette	"Thankful N'Thoughful" △
Bettye LaVette	"Things Have Changed" △
Big Bill Broonzy	"Big Bill Broonzy Sings Folk Songs"
Big John Patton	"Let 'Em Roll"
Bill Frisell	"All We Are Saying"
Bill Frisell	"Have A Little Faith"
Bill Withers	"Lean On Me: The Best Of Bill Withers"
Billie Holiday	"Lady Day: The Best Of Billie Holiday"
Billy Preston	"I Wrote A Simple Song"
Blind Blake	"Ragtime Guitar's Foremost Fingerpicker"
Black Wax (ブラック・ワックス)	"Bang-a-Muli"
Blind Lemon Jefferson	"The Best Of Blind Lemon Jefferson"
Blind Willie McTell	"The Early Years — 1927-1933"
Blodwyn Pig	"Ahead Rings Out"
Blue Asia (久保田麻琴)	"Sketches Of Myahk (スケッチ・オブ・ミャーク) "
Bo Diddley	"The Chess Box"
Bob Dylan	"Highway 61 Revisited" ☆
Bob Dylan	"Another Side Of Bob Dylan"
Bob Dylan	"Blonde On Blonde"
Bob Dylan	"Bringing It All Back Home"
Bob Dylan	"Freewheelin'"
Bob Dylan	"The Times They Are A-Changin'"
Bob Dylan	"Live 1966 (The "Royal Albert Hall" Concert) "
Bob Dylan	"The Witmark Demos: 1962-1964"
Bob Dylan	"The Cutting Edge: The Bootleg Series Vol. 12 / 1965-1966"
Bob Dylan	"Trouble No More: The Bootleg Series Vol. 13 / 1979-1981"
Bob Marley & The Wailers	"Exodus"
Bob Marley & The Wailers	"Live"

	Bob Marley & The Wailers	"Natty Dread"
	Bob Marley & The Wailers	"Rastaman Vibration"
	Bob Seger & The Silver Bullet Band	"Greatest Hits"
	Bobby Bland	"The Voice (Duke Recordings 1959-69) "
	Bobby Charles	"Bobby Charles" ☆
	Bobby Hutcherson Featuring Harold Land	"San Francisco"
	Bobby Womack	"The Best Of: The Soul Years"
	Bobby Womack Featuring Patti LaBelle	"Poet II"
	Bonnie Raitt	"Give It Up" ☆
	Bonnie Raitt	"Road Tested"
	Bonnie Raitt	"Streetlights"
	Bonnie Raitt	"Takin' My Time"
	Booker T. & The MG's	"The Very Best Of Booker T. & The MG's" △
	Boukou Groove	"A Lil Boukou In Your Cup"
	Boz Scaggs	"Boz Scaggs"
	Boz Scaggs	"Silk Degrees"
	Boz Scaggs	"Slow Dancer"
	Brad Mehldau Trio	"Where Do You Start" ○
	Brad Mehldau Trio	"Day Is Done" △
	Bruce Hornsby And The Range	"The Way It Is"
	Bruce Springsteen	"The Wild, The Innocent & The E Street Shuffle" ☆
	Bruce Springsteen	"Born To Run"
	Bruce Springsteen	"Darkness On The Edge Of Town"
	Bruce Springsteen	"The Ghost Of Tom Joad"
	Bruce Springsteen	"Tunnel Of Love"
	Buckwheat Zydeco	"On A Night Like This"
	Buddy Guy	"A Man And The Blues"
	Buddy Guy	"The Complete Chess Studio Recordings"
	Buddy Holly	"The Buddy Holly Collection"
	Buena Vista Social Club	"Buena Vista Social Club" △
	Buena Vista Social Club	"Buena Vista Social Club At Carnegie Hall" △
	Buffalo Springfield	"Again"
	Bukka White	"Parchman Farm"
	Bulgarian State Radio & Television Female Vocal Choir	"Mystere Des Voix Bulgares"
	Burning Spear	"Marcus Garvey"
	The Butterfield Blues Band	"East-West"
	The Byrds	"Turn! Turn! Turn! — The Byrds Ultimate Collection"
C	Candi Staton	"Evidence: The Complete Fame Records Masters" △
	Captain Beefheart & His Magic Band	"Safe As Milk"
	Carl Perkins	"The Sun Singles Collection"

Carole King	"Tapestry"	
Carolina Chocolate Drops	"Genuine Negro Jig" △	
Cassandra Wilson	"New Moon Daughter" ☆	
Cassandra Wilson	"Blue Light Till Dawn"	
Cate Brothers	"Cate Brothers" △	
Cesária Évora	"Cabo Verde" △	
Chaka Demus & Pliers	"Tease Me"	
Charles Lloyd & The Marvels	"I Long To See You" ○	
Charles Mingus	"Mingus Ah Um"	
Charlie Christian	"The Original Guitar Hero"	
Charlie Patton	"The Best Of Charlie Patton – Classic Recordings From The 1920's And 30's"	
Charlie Rich	"Feel Like Going Home: The Essential Charlie Rich"	
Cheikh Lô	"Né La Thiass"	
Chic	"The Very Best Of Chic"	
Chick Corea & Béla Fleck	"The Enchantment" △	
Chico Hamilton	"Passin' Through" △	
The Chieftains	"The Best Of The Chieftains"	
Chris Rea	"Shamrock Diaries"	
Chris Thile	"Bach: Sonatas & Partitas, Vol. 1" ○	
Chris Thile & Brad Mehldau	"Chris Thile & Brad Mehldau" △	
Chu Kosaka (小坂忠)	"ほうろう"	
Chuck Berry	"The Chess Box" ☆	
The Coasters	"50 Coastin' Classics"	
Coleman Hawkins	"Ken Burns Jazz: The Definitive Coleman Hawkins"	
Commander Cody & His Lost Planet Airmen	"Hot Licks, Cold Steel and Truckers' Favorites"	
Concha Buika	"Mi Niña Lola" ○	
Courtney Pine	"To The Eyes Of Creation"	
Crazy Cats (ハナ肇とクレイジーキャッツ)	"クレイジーシングルス"	
Cream	"The Very Best Of Cream"	
Creedence Clearwater Revival	"Ultimate Creedence Clearwater Revival – Greatest Hits and All-Time Classics"	
Crosby, Stills & Nash	"Crosby, Stills & Nash"	
Crosby, Stills, Nash & Young	"Déjà Vu"	
The Crusaders	"Scratch"	
The Crusaders	"Those Southern Knights"	
Curtis Mayfield	"Superfly (The Original Motion Picture Soundtrack)" ☆	
Curtis Mayfield	"The Best Of Curtis Mayfield – Wild And Free"	
D D'Angelo And The Vanguard	"Black Messiah"	
Dan Hicks & His Hot Licks	"The Very Best Of Dan Hicks & His Hot Licks"	
Dan Penn	"Do Right Man"	
Dan Penn & Spooner Oldham	"Moments From This Theatre"	

	Daniel Lanois	"Acadie"
	Dave Edmunds	"Get It"
	Dave Edmunds	"Repeat When Necessary"
	Dave Mason	"It's Like You Never Left"
	Dave Mason	"Certified Live"
	David Byrne & Brian Eno	"My Life In The Bush Of Ghosts"
	David Crosby	"If I Could Only Remember My Name"
	David Sylvian	"The Secrets Of The Beehive"
	Debashish Bhattacharya	"Calcutta Slide – Guitar 3"
	Derek & The Dominos	"Layla and Other Assorted Love Songs"
	The Derek Trucks Band	"Songlines (CD)" +"Songlines Live (DVD)" ○
	The Derek Trucks Band	"Already Free" △
	The Derek Trucks Band	"Live at Georgia Theatre" △
	Dire Straits	"Dire Straits"
	Dire Straits	"Making Movies"
	Django Reinhardt	"Retrospective 1934-53"
	Dollar Brand	"Mannenberg ~ 'Is Where It's Happening'"
	Donal Lunny	"Coolfin"
	Donald Fagen	"The Nightfly"
	Donny Hathaway	"Live" ☆
	Donny Hathaway	"Never My Love: The Anthology"
	Doobie Brothers	"Greatest Hits"
	The Doors	"Strange Days"
	The Doors	"The Doors"
	Doug Sahm	"Juke Box Music"
	Dr. John	"Duke Elegant" ○
	Dr. John	"Gumbo" △
	Dr. John	"Desitively Bonnaroo" △
	Dr. John	"Gris Gris" ☆
	Dr. John	"City Lights"
	Dr. John	"Going Back To New Orleans"
	Dr. John	"In The Right Place"
	Duane Allman	"Skydog: The Duane Allman Retrospective"
E	The Eagles	"Desperado"
	The Earls Of Leicester	"The Earls Of Leicester" △
	Earth Wind & Fire	"The Essential Earth, Wind & Fire"
	Eddie Cochran	"C'mon Everybody – The Best Of Eddie Cochran"
	Ella Fitzgerald And Louis Armstrong	"Ella And Louis"
	Elmore James	"Dust My Broom"
	Elton John	"Your Song: Elton John Greatest Hits"

	Elvis Costello	"My Aim Is True" ☆
	Elvis Costello	"This Year's Model"
	Elvis Costello With Burt Bacharach	"Painted From Memory (The New Songs Of Bacharach & Costello)"
	Elvis Presley	"The King Of Rock 'N' Roll: The Complete 50's Masters"
	Elvis Presley	"Tomorrow Is A Long Time"
	Ernest Ranglin	"In Search Of The Lost Riddim"
	Erykah Badu	"Baduizm"
	Etta James	"Gold"
	Eurythmics	"Eurythmics Greatest Hits"
F	Fairground Attraction	"The First Of A Million Kisses"
	Fairport Convention	"Unhalfbricking" ☆
	Fairport Convention	"Liege And Lief"
	Fairport Convention	"What We Did On Our Holidays"
	Fania All Stars	"Our Latin Thing (Nuestra Cosa) (DVD)"
	Fatoumata Diawara	"Fenfo – Something To Say" △
	Fatoumata Diawara & Roberto Fonseca	"At Home (Live In Marciac)"
	Fats Domino	"Live From Austin TX" △
	Fats Domino	"They Call Me The Fat Man... (The Legendary Imperial Recordings)"
	Felix Cavaliere	"Destiny"
	Finley Quaye	"Maverick A Strike"
	Fleetwood Mac	"The Pious Bird Of Good Omen"
	The Flying Burrito Brothers	"Last Of The Red Hot Burritos"
	Franco	"The Very Best Of The Rumba Giant Of Zaire"
	Frank Zappa	"Hot Rats"
	Frankie Miller	"High Life"
	Freddy King	"Texas Sensation"
	Free	"Free"
	Free	"Tons Of Sobs"
	Full Moon	"Full Moon" ☆
G	Gavin Bryars	"Jesus' Blood Never Failed Me Yet" ☆
	Gene Vincent & His Blue Caps	"The Screaming End: The Best Of Gene Vincent & His Blue Caps"
	George Benson	"Breezin'"
	George Harrison	"Let It Roll: Songs By George Harrison"
	Georgie Fame	"Cool Cat Blues" △
	Georgie Fame	"Fame At Last"
	Gil Scott-Heron	"Glory (The Gil Scott-Heron Collection)"
	Gladys Knight & The Pips	"Claudine"
	Gladys Knight & The Pips	"The Best of Gladys Knight & The Pips"
	Gotan Project	"La Revancha Del Tango" ○
	Grace Jones	"Warm Leatherette"

	Graham Parker	"Howlin' Wind"
	Grant Green	"Feelin' The Spirit"
	Grant Green	"Live At Club Mozambique"
	Grant Green & 'Baby Face' Willette	"Grant Green & Baby Face Willete Trio / Quartet — Complete Recordings"
	Grant Green / Donald Byrd	"His Majesty King Funk / Up With Donald Byrd"
	Grateful Dead	"Live / Dead" ☆
	Grateful Dead	"American Beauty"
	Grateful Dead	"Grateful Dead"
	Grateful Dead	"Hundred Year Hall"
	Grateful Dead	"Wake Up To Find Out"
	Grateful Dead	"Workingman's Dead"
	Gregg Allman	"Low Country Blues"
H	Hadouk Trio	"Air Hadouk" ◯
	Hadouk Trio	"Shamanimal" △
	Haruomi Hosono (細野晴臣)	"Heavenly Music"
	Hasna El Becharia	"Djazair Johara" △
	Herbie Hancock	"Head Hunters"
	Herbie Hancock	"Thrust"
	Hirth Martinez	"Hirth From Earth"
	Holger Czukay	"Movies" ☆
	Howlin' Wolf	"The Chess Box"
	Hudson (DeJohnette, Grenadier, Medeski, Scofield)	"Hudson" ◯
I	Ian Dury	"New Boots And Panties" ☆
	Ian Dury & The Blockheads	"Mr. Love Pants" △
	Ian Dury & The Blockheads	"What A Waste: The Collection"
	Imelda May	"Love Tattoo"
	The Impressions	"The Very Best Of The Impressions"
	The Incredible String Band	"The 5,000 Spirits Or The Layers Of The Onion"
	The Isley Brothers	"It's Your Thing: The Story Of The Isley Brothers"
	Issa Bagayogo	"Mali Koura" △
J	The J. Geils Band	"The J. Geils Band"
	The J. Geils Band	"The Morning After"
	The J.B.'s	"Funky Good Time: The Anthology"
	J.J. Cale	"Naturally"
	J.J. Cale	"Really"
	Jack DeJohnette	"Sound Travels" △
	Jackie Mittoo	"The Keyboard King At Studio One"
	Jackson Browne	"Late For The Sky"
	Jackson Browne	"The Pretender"
	Jaco Pastorius	"Jaco Pastorius" ☆

Jaco Pastorius	"Invitation"
Jah Wobble's Invaders Of The Heart	"Take Me To God"
James Booker	"The Lost Paramount Tapes"
James Brown	"Star Time" ☆
James Taylor	"The Best Of James Taylor"
Janis Joplin	"Pearl"
Javier Ruibal	"Sáhara"
Jeff Beck	"Blow By Blow"
Jefferson Airplane	"2400 Fulton Street — The CD Collection"
Jerry Douglas	"Traveler" ○
The Jerry Garcia Band	"GarciaLive Vol. 10: May 20th, 1990 Hilo Civic Auditorium"
Jerry González	"Y Los Piratas del Flamenco" ○
Jerry González	"Rumba Para Monk" △
Jerry González	"Ya Yo Me Curé" △
Jesse Colin Young	"Together"
Jethro Tull	"This Was"
The Jimi Hendrix Experience	"Are You Experienced"
The Jimi Hendrix Experience	"Axis: Bold As Love"
The Jimi Hendrix Experience	"Electric Ladyland"
The Jimi Hendrix Experience	"Experience Hendrix — The Best Of Jimi Hendrix"
Jimmy Smith	"Root Down"
Joan Osborne	"How Sweet It Is"
Joe Cocker	"The Long Voyage Home: The Silver Anniversary Collection"
John Coltrane	"Live At The Village Vanguard" ☆
John Coltrane	"My Favorite Things"
John Hammond	"Wicked Grin" ○
John Handy	"Recorded Live At The Monterey Jazz Festival"
John Hiatt	"Bring The Family" △
John Lennon	"Imagine"
John Lennon	"Power To The People: The Hits"
John Lennon	"Walls And Bridges"
John Lennon / Plastic Ono Band	"John Lennon / Plastic Ono Band"
John Martyn	"Sweet Little Mysteries — The Island Anthology"
John Mayall & The Blues Breakers	"A Hard Road"
John Mayall With Eric Clapton	"Blues Breakers (Deluxe Edition)"
John Scofield	"Piety Street" ○
John Scofield	"That's What I Say: John Scofield Plays The Music Of Ray Charles" △
John Scofield	"Überjam Deux" △
John Sebastian	"Tarzana Kid"
Johnny Cash	"American Recordings"

	Johnny Cash	"Sun Records — The Original Johnny Cash"
	Johnny Winter	"The Progressive Blues Experiment"
	Jon Cleary & The Absolute Monster Gentlemen	"Mo Hippa" ○
	Jon Cleary	"Dyna-Mite" △
	Jon Cleary	"Occapella" △
	Joni Mitchell	"Shine" ○
	Joni Mitchell	"Hejira" △
	Joni Mitchell	"Shadows And Light" △
	Joni Mitchell	"Blue"
	Joni Mitchell	"Court And Spark"
	Joni Mitchell	"The Hissing Of Summer Lawns"
	Joshua Redman, Brad Mehldau	"Nearness" △
	Joshua Rifkin	"Piano Rags By Scott Joplin Vol. 1"
	Jr. Walker And The All Stars	"Nothin' But Soul — The Singles 1962-1983"
	Julio Pereira & Kepa Junkera	"Lau Eskutara"
	Junior Wells	"Hoodoo Man Blues"
K	Kahil El'Zabar Ritual Trio	"Renaissance of the Resistance"
	Kandia Kouyaté	"Biriko" △
	Karl Richter / Munich Bach Orchestra	"J.S. Bach: Orchestral Suites, BWV 1066-1069"
	Kassé Mady Diabaté	"Kassi Kasse — Mande Music From Mali" △
	Kazutoki Umezu (梅津和時)	"梅津和時、演歌を吹く。"
	Keith Jarrett	"The Köln Concert"
	Kékélé	"Rumba Congo" △
	Kelly Joe Phelps	"Brother Sinner & The Whale" ○
	Kelly Joe Phelps	"Shine Eyed Mister Zen" △
	Kelly Joe Phelps	"Tunesmith Retrofit" △
	Kenny Burrell	"Midnight Blue"
	Kenny Loggins With Jim Messina	"Sittin' In"
	Kepa Junkera	"Bilbao 00:00h" △
	Ketama, Toumani Diabaté & Danny Thompson	"Songhai" △
	King Crimson	"Discipline"
	The Kinks	"The Singles Collection"
	Koichi Fujishima (藤島晃一)	"ベスト・通り過ぎれば風の詩"
L	Latin Playboys	"Latin Playboys"
	Laurie Anderson	"Mister Heartbreak"
	Lee Dorsey	"Great Googa Mooga"
	Lenny Pickett With The Borneo Horns	"Lenny Pickett With The Borneo Horns"
	Leon Redbone	"On The Track"
	Linton Kwesi Johnson	"Making History" ☆
	Linton Kwesi Johnson	"Bass Culture"

	Linton Kwesi Johnson	"Tings An' Times"
	Little Feat	"Dixie Chicken" ☆
	Little Feat	"Electrif Lycanthrope — Ultrasonic Studios, New York 1974"
	Little Feat	"Feats Don't Fail Me Now"
	Little Feat	"Sailin' Shoes"
	Little Richard	"His Greatest Recordings"
	Little Walter	"The Complete Chess Masters (1950-1967) "
	Little Willie John	"The Early King Sessions"
	Los Lobos	"El Cancionero — Mas Y Mas"
	Louis Armstrong	"The Best of The Hot 5 & Hot 7 Recordings"
	Louis Jordan	"Let The Good Times Roll: The Anthology 1938-1953"
	Love	"Da Capo"
	The Lovin' Spoonful	"Do You Believe In Magic" ☆
	Lowell George	"Thanks I'll Eat It Here"
	Lucinda Williams	"Blessed"
	Lucinda Williams	"Car Wheels On A Gravel Road"
	Lunasa	"The Merry Sisters Of Fate"
	Lyle Lovett	"Live In Texas"
	Lyle Lovett & His Large Band	"Lyle Lovett & His Large Band"
	Lynyrd Skynyrd	"Second Helping"
M	Maceo Parker	"Mo' Roots" ☆
	Madeleine Peyroux	"Careless Love" ○
	Madeleine Peyroux	"Half The Perfect World" △
	Madeleine Peyroux	"Secular Hymns" △
	Madness	"Divine Madness"
	Mamani Keita & Marc Minelli	"Electro Bamako" △
	Marc Cohn	"Join The Parade"
	Marc Ribot Y Los Cubanos Postizos	"Marc Ribot Y Los Cubanos Postizos (The Prosthetic Cubans) " ☆
	Maria Muldaur	"Maria Muldaur"
	Maria Muldaur	"Waitress In A Donut Shop"
	Marianne Faithfull	"Blazing Away"
	Martin Simpson	"Live (Live At The Holywell Music Room, Oxford) "
	Marvin Gaye	"What's Going On" ☆
	Marvin Gaye	"I Want You"
	Marvin Gaye	"Let's Get It On"
	Mavis Staples	"If All I Was Was Black" ○
	Max Roach	"We Insist! Max Roach's Freedom Now Suite"
	Medeski Scofield Martin & Wood	"Out Louder" △
	The Meters	"Funkify Your Life (Anthology) "
	Michael Franti & Spearhead	"Everyone Deserves Music" ○

Michael Franti & Spearhead	"Stay Human" △	
Michael Kiwanuka	"Home Again" ○	
Michael Kiwanuka	"Kiwanuka" △	
Michael Kiwanuka	"Out Loud!" △	
Michelle Shocked	"Short Sharp Shocked"	
Miles Davis	"In A Silent Way" ☆	
Miles Davis	"Kind Of Blue"	
Minyo Crusaders (民謡クルセイダーズ)	"Echoes Of Japan"	
Miwa Yonashiro / Seigo Matsunaga (與那城美和 / 松永誠剛)	"Myahk Song Book – Longing"	
The Modern Jazz Quartet	"The Modern Jazz Quartet Plays George Gershwin's Porgy And Bess"	
Mory Kanté	"Sabou" ○	
Mory Kanté	"Akwaba Beach" △	
Mose Allison	"The Way Of The World" ○	
Mose Allison	"Greatest Hits – The Prestige Collection" △	
Mose Allison	"The Best Of Mose Allison" △	
The Mothers Of Invention	"Burnt Weenie Sandwich"	
Muddy Waters	"The Best of Muddy Waters" ☆	
Muddy Waters	"Fathers And Sons"	
Muddy Waters	"The Chess Box"	
Mulatu Astatqé	"Éthiopiques 4: Ethio Jazz & Musique Instrumentale 1969-1974"	
The Mystic Revelation Of Rastafari	"Grounation" △	
N The Nat Birchall Quartet	"The Storyteller – A Musical Tribute to Yusef Lateef"	
Ned Sublette	"Cowboy Rumba"	
The Neville Brothers	"Treacherous: A History Of The Neville Brothers" △	
The Neville Brothers	"Neville Brothers Authorized Bootleg – Warfield Theater San Francsico, Ca"	
The Neville Brothers	"Brother's Keeper"	
The Neville Brothers	"Mitakuye Oyasin Oyasin / All My Relations"	
The Neville Brothers	"Yellow Moon"	
Niagara Fallin' Stars (大滝詠一)	"Let's Ondo Again"	
Nick Drake	"Five Leaves Left"	
Nick Lowe	"At My Age" ○	
Nick Lowe	"Quiet Please – The New Best Of Nick Lowe" △	
Nick Lowe	"The Impossible Bird" △	
Nikola Parov	"Kilim"	
Nils Lofgren	"Back It Up!! Nils Lofgren Live. An Authorized Bootleg"	
Nina Simone	"Little Girl Blue"	
Nina Simone	"The Colpix Years"	
Nina Simone	"The Philips Years"	
Nina Simone	"The RCA Years"	
Nitin Sawhney	"Beyond Skin"	

	Noam Pikelny	"Universal Favorite"
	Nobutaka Tsugei (告井延隆)	"Sgt. Tsugei's Only One Club Band"
	Norah Jones	"Come Away With Me"
	Nusrat Fateh Ali Khan	"The Last Prophet"
O	The O'Jays	"The Essential O'Jays"
	Oki	"No-One's Land"
	Olu Dara	"In The World — From Natchez To New York" ☆
	Orchestra Baobab	"Specialist In All Styles" ◯
	Orchestra Baobab	"Pirates Choice" △
	Orchestra Baobab	"Tribute to Ndiouga Dieng" △
	Orchestre Nationale de Barbès	"En Concert"
	Orlando "Cachaíto" López	"Cachaíto"
	Orleans	"Orleans"
	Ornette Coleman	"Virgin Beauty"
	Oscar Brown Jr.	"Sin & Soul...And Then Some"
	Otis Redding	"Otis Blue / Otis Redding Sings Soul"
	Otis Rush	"The Cobra Sessions 1956-1958"
	Otis Spann	"Otis Spann's Chicago Blues"
	Oumou Sangaré	"Seya" △
	Our Native Daughters	"Songs Of Our Native Daughters" △
P	Pablo Casals	"J. S. Bach — The Six Cello Suites"
	Parliament	"Parliament's Greatest Hits"
	The Paul Butterfield Blues Band	"The Paul Butterfield Blues Band" ☆
	Paul Butterfield's Better Days	"Paul Butterfield's Better Days"
	Paul Simon	"Graceland"
	Paul Simon	"Still Crazy After All These Years"
	Penguin Cafe Orchestra	"Penguin Cafe Orchestra" ☆
	Percy Mayfield	"Poet Of The Blues"
	Peter Gabriel	"Peter Gabriel III"
	Peter Gabriel	"So"
	Phil Spector	"A Christmas Gift For You From Phil Spector"
	Phil Spector	"Back To Mono (1958-1969)"
	Phoebe Snow	"Phoebe Snow"
	The Pogues	"If I Should Fall From Grace With God"
	Pops Staples	"Don't Lose This" △
	Pretenders	"Pretenders"
	Pretenders	"The Singles"
	Prince	"The Hits / The B-Sides"
	Professor Longhair	"New Orleans Piano" △ ☆
	Punch Brothers	"The Phosphorescent Blues" △

Q	Quicksilver Messenger Service	"Happy Trails"
	Quintessence	"In Blissful Company"
R	Radio Tarifa	"Fiebre"
	Rail Band, Mory Kanté & Salif Keita	"Rail Band" △
	Randy Newman	"Good Old Boys"
	Randy Newman	"Sail Away"
	Randy Weston	"Portraits Of Thelonious Monk"
	Rankin Taxi (ランキン・タクシー)	"スーパー・ランキン・タクシー"
	Ray Charles	"The Birth Of Soul — The Complete Atlantic Rhythm & Blues Recordings 1952-1959" ☆
	Ray Charles	"The Definitive Ray Charles"
	Ray Charles & Betty Carter	"Ray Charles & Betty Carter"
	Rhiannon Giddens	"Tomorrow Is My Turn" ○
	Richard Bona	"Bona Makes You Sweat — Live"
	Richard Thompson	"Action Packed: The Best Of The Capitol Years"
	Richard Thompson	"Live From Austin TX"
	Richard Thompson	"Mirror Blue"
	Richard Thompson	"Mock Tudor"
	Rico	"Man From Wareika / Wareika Dub"
	Robert Johnson	"King Of The Delta Blues Singers Vol. 1" ☆
	Robert Johnson	"King Of The Delta Blues Singers Vol. 2"
	Robert Palmer	"Pressure Drop"
	Robert Palmer	"Pride"
	Robert Palmer	"Sneakin' Sally Through The Alley"
	Robert Randolph & The Family Band	"We Walk This Road" △
	Robert Wyatt	"EPs"
	Robert Wyatt	"Nothing Can Stop Us"
	Rod Stewart	"Every Picture Tells A Story"
	Rod Stewart	"Gasoline Alley"
	Rokia Traoré	"Tchamantche" ○
	Roland Kirk	"I Talk With The Spirits"
	The Rolling Stones	"Exile On Main Street" ☆
	The Rolling Stones	"The Rolling Stones In Mono"
	The Rolling Stones	"Singles Collection: The London Years"
	Roxy Music	"Avalon"
	Roy Orbison	"The Essential Roy Orbison"
	Ruthie Foster	"Let It Burn" ○
	Ruthie Foster	"Live At Antone's" △
	Ruthie Foster	"The Truth According To Ruthie Foster" △
	Ry Cooder	"The Prodigal Son" ○
	Ry Cooder	"Into The Purple Valley" △☆

	Ry Cooder	"Paradise And Lunch" △
	Ry Cooder	"Chicken Skin Music"
	Ry Cooder	"Show Time"
	Ryuichi Sakamoto (坂本龍一)	"Merry Christmas Mr. Lawrence"
S	Sachal Studios Orchestra	"Sachal Jazz" ◯
	Sachal Studios Orchestra	"Jazz And All That" △
	Sachal Jazz Ensemble	"Live In Concert" △
	Salif Keita	"Moffou" ◯☆
	Salif Keita	"Soro" △
	Salif Keita, Ambassadeur International	"Mandjou" △
	Sam Cooke	"The Man Who Invented Soul" ☆
	Sam Cooke	"Live at the Harlem Square Club（One Night Stand!）"
	Santana	"Abraxas" ☆
	Santana	"Caravanserai"
	Santana	"Santana"
	Scritti Politti	"Cupid & Psyche 85"
	Scritti Politti	"Songs To Remember"
	Sekouba 'Bambino' Diabaté	"Sinikan"
	Shabaka & The Ancestors	"We Are Sent Here By History"
	Sharon Jones & The Dap Kings	"Naturally" △
	Sharon Shannon & The Woodchoppers	"Live in Galway"
	Shelby Lynne	"Just A Little Lovin'" ◯
	Shelby Lynne	"I Am Shelby Lynne" △
	Shoukichi Kina & Champloose (喜納昌吉&チャンプルーズ)	"喜納昌吉&チャンプルーズ"
	Simon & Garfunkel	"Simon & Garfunkel's Greatest Hits"
	Sister Rosetta Tharpe	"The Original Soul Sister"
	Skip James	"Skip James Today！"
	Sly & The Family Stone	"There's A Riot Goin' On" ☆
	Sly & The Family Stone	"Anthology"
	Small Faces	"The Best Of Small Faces"
	The Soft Machine	"Third"
	Son House	"Father Of Folk Blues"
	Sonny Landreth	"Recorded Live In Lafayette" ◯
	Sonny Landreth	"South Of I-10" △
	Sonny Landreth	"Bound By The Blues"
	Sonny Rollins	"Saxophone Colossus"
	The Soul Stirrers Featuring R.H. Harris	"Shine On Me"
	The Soul Stirrers Featuring Sam Cooke	"The Soul Stirrers Featuring Sam Cooke"
	Soulive	"Rubber Soulive"
	Spearhead	"Home" △

Specials	"Specials" ☆	
Specials	"Stereo — Typical (A's, B's and Rarities)"	
The Spencer Davis Group	"Eight Gigs A Week — The Steve Winwood Years"	
Squeeze	"Greatest Hits"	
Staff Benda Bilili	"Très Très Fort" ○	
Stanley Smith	"In The Land Of Dreams" ○	
The Staple Singers	"The Ultimate Staple Singers A Family Affair 1955-1984" △	
Steely Dan	"Aja"	
Steely Dan	"Can't Buy A Thrill"	
Steely Dan	"Countdown To Ecstasy"	
Steely Dan	"Katy Lied"	
Steely Dan	"Pretzel Logic"	
Steely Dan	"The Royal Scam"	
Steinar Raknes	"Stillhouse" ○	
Steinar Raknes	"Chasing The Real Things" △	
Stephen Stills / Manassas	"Manassas"	
Steve Cropper	"Dedicated: A Salute to the 5 Royales" ○	
Steve Earle	"Transcendental Blues"	
Steve Miller Band	"Fly Like An Eagle"	
Steve Miller Band	"The Joker"	
Steve Reich	"Music For 18 Musicians"	
Steve Winwood	"Greatest Hits Live" ○	
Steve Winwood	"About Time" △	
Steve Winwood	"The Finer Things" △	
Stevie Wonder	"Innervisions" ☆	
Stevie Wonder	"Fulfillingness' First Finale"	
Stevie Wonder	"Music Of My Mind"	
Stevie Wonder	"Songs In The Key Of Life"	
Stevie Wonder	"Talking Book"	
Stuff	"Live At Montreux 1976（DVD）"	
Stuff	"Stuff"	
Susan Tedeschi	"Hope and Desire"	
Susana Baca	"Eco de Sombras (Echo of Shadows) "	
T Taj Mahal	"The Nach'l Blues" △	
Taj Mahal	"Music Fuh Ya'（Musica Para Tu）" ☆	
Taj Mahal	"Giant Step / De Old Folks At Home"	
Taj Mahal	"In Progress & In Motion 1965-1998"	
Taj Mahal	"The Real Thing"	
Taj Mahal	"Taj Mahal"	
Talking Heads	"Remain In Light" ☆	

	Talking Heads	"Speaking In Tongues"
	Talking Heads	"Stop Making Sense"
	Tamikrest	"Toksera" △
	Taraf De Haïdouks	"Band Of Gypsies"
	T-Bone Walker	"The Complete Recordings Of T-Bone Walker 1940-1954"
	Tedeschi Trucks Band	"Revelator"
	The The	"Infected"
	Thelonious Monk	"The Complete Riverside Recordings"
	Thelonious Monk Quartet With John Coltrane	"At Carnegie Hall"
	Them	"The Story Of Them featuring Van Morrison (The Anthology 1964-1966)"
	Thomas Mapfumo And The Blacks Unlimited	"Corruption"
	Tim Ries	"The Rolling Stones Project"
	Tinariwen	"Aman Iman — Water Is Life" ○
	Tinariwen	"The Radio Tisdas Sessions" △
	Todd Rundgren	"Something / Anything?"
	Tom Petty	"An American Treasure"
	Tom Petty And The Heartbreakers	"The Live Anthology"
	Tom Petty And The Heartbreakers	"Tom Petty And The Heartbreakers"
	Tom Tom Club	"Tom Tom Club"
	Tom Waits	"Mule Variations" △
	Tom Waits	"The Heart Of Saturday Night" △
	Tom Waits	"Orphans: Brawlers, Bawlers & Bastards"
	Tom Waits	"Rain Dogs"
	Toots & The Maytals	"The Best Of Toots & The Maytals"
	Tore Brunberg & Steinar Raknes	"Backcountry" △
	Toumani Diabaté	"Kaira" △☆
	Toumani Diabaté & Sidiki Diabaté	"Toumani & Sidiki"
	Traffic	"John Barleycorn Must Die"
	Traffic	"The Low Spark Of High Heeled Boys"
	Traffic	"Traffic"
	Trio Da Kali & Kronos Quartet	"Ladilikan" ○
U	U2	"The Joshua Tree"
	UB40	"Signing Off"
V	Van Morrison	"Duets: Re-Working The Catalogue" ○
	Van Morrison	"Moondance" △☆
	Van Morrison	"It's Too Late To Stop Now" △
	Van Morrison	"..It's Too Late To Stop Now...Volumes II, III, IV & DVD"
	Van Morrison	"Avalon Sunset"
	Van Morrison & The Chieftains	"Irish Heartbeat"
W	The Wailers	"Catch A Fire" ☆

	The Wailers	"Burnin'"
	War	"The World Is A Ghetto" ☆
	War	"The Very Best Of War"
	Warren Zevon	"I'll Sleep When I'm Dead — An Anthology"
	Warren Zevon	"My Ride's Here"
	Warren Zevon	"The Wind"
	The Waterboys	"Modern Blues"
	Weather Report	"Black Market"
	Weather Report	"Heavy Weather"
	Weather Report	"Mysterious Traveller"
	The Who	"Then And Now"
	The Wild Tchoupitoulas	"The Wild Tchoupitoulas"
	Willie Nelson	"Last Man Standing" ○
	Willie Nelson	"American Classic" △
	Willie Nelson	"Summertime: Willie Nelson Sings Gershwin" △
	The Word	"The Word" △
	World Saxophone Quartet With Fontella Bass	"Breath of Life"
X	XTC	"Fossil Fuel — The XTC Singles 1977-92"
Y	Yasuaki Shimizu & The Saxophonettes (清水靖晃&サキソフォネッツ)	"Cello Suites"
	Yellow Magic Orchestra (イエロー・マジック・オーケストラ)	"Technodelic"
	Youssou N'Dour	"Nelson Mandela"
	Youssou N'Dour	"Nothing's In Vain (Coono Du Réér)"
	Yuji Hamaguchi (濱口祐自)	"Yuji Hamaguchi From KatsuUra"
	Yukihiro Takahashi (高橋幸宏)	"Neuromantic"
	Yusef Lateef	"Eastern Sounds"
Z	Zacks Nkosi	"Our Kind Of Jazz Vol. 1 — A Tribute To Zacks Nkosi"
	Zapp	"Zapp II"
VA	Various Artists	"Anthology Of American Folk Music — edited by Harry Smith"
	Various Artists	"Transatlantic Sessions 3 with Jerry Douglas and Aly Bain (DVD)"
	Various Artists	"Kurtis Blow Presents The History Of Rap, Vol. 2: The Birth Of The Rap Record"
	Various Artists	"Atlantic Rhythm & Blues 1947-1974"
	Various Artists	"Black Power: Music of a Revolution"
	Various Artists	"Change Is Gonna Come: The Voice Of Black America 1963-1973" △
	Various Artists	"Chicago / The Blues / Today! Vol. 1"
	Various Artists	"Chicago / The Blues / Today! Vol. 2"
	Various Artists	"Crescent City Bounce"
	Various Artists	"Crescent City Soul — The Sound Of New Orleans 1947-1974" △
	Various Artists	"Dead Man Walking: Music from & Inspired by the Motion Picture"
	Various Artists	"Deadicated: A Tribute To The Grateful Dead"
	Various Artists	"Ethiopiques, Vol. 8: Swinging Addis 1969-1974"

Various Artists	"Goin' Home (A Tribute To Fats Domino)" ◯
Various Artists	"Hitsville USA — The Motown Singles Collection 1959-1971"
Various Artists	"Honky Tonk — Charlie Gillett's Radio Picks"
Various Artists	"Malcolm X (Music From The Motion Picture Soundtrack)"
Various Artists	"Martin Scorsese Presents Red, White And Blues A Film By Mike Figgis"
Various Artists	"None But The Righteous: The Masters of Sacred Steel" ◯
Various Artists	"O Brother, Where Art Thou? (Original Motion Picture Soundtrack)"
Various Artists	"Our New Orleans 2005, A Benefit Album" ◯
Various Artists	"Rhythm Country & Blues"
Various Artists	"Rock Instrumental Classics Volumes 1-5"
Various Artists	"Rolling With The Punches — The Allen Toussaint Songbook" △
Various Artists	"Soul Fingers⋯and Funky Feet" — compiled by Peter Barakan
Various Artists	"Soul To Soul (CD / DVD)"
Various Artists	"Soulsville U.S.A. (A Celebration of Stax)"
Various Artists	"Sun Blues — From The Vaults Of The Legendary Sun Records"
Various Artists	"Sun Records — The Birth Of Rock 'n' Roll"
Various Artists	"Take Me To The River — A Southern Soul Story 1961-1977"
Various Artists	"The Best Of 2 Tone"
Various Artists	"The Doo Wop Box"
Various Artists	"The Harder They Come (Original Soundtrack Recording)" ☆
Various Artists	"The In Crowd — The Ultimate Mod Collection From The Original Style Movement 1958-67"
Various Artists	"The Leiber & Stoller Story, Volume 1: Hard Times — The Los Angeles Years 1951-56"
Various Artists	"The Leiber & Stoller Story, Volume 2: On The Horizon — 1956-1962"
Various Artists	"The Leiber & Stoller Story, Volume 3: Shake 'Em Up & Let 'Em Roll — 1962-1969"
Various Artists	"The Story of Jamaican Music: Tougher Than Tough"
Various Artists	"The World Of Guy Stevens (The UK Sue Label Story)"
Various Artists	"Theme Time Radio Hour With Your Host Bob Dylan"
Various Artists	"This Is How It All Began Vol. 1 / 2"
Various Artists	"This One's For Him: A Tribute To Guy Clark"
Various Artists	"Vee Jay Records — An Introduction"
Various Artists	"The Minit Records Story"
Various Artists	"Creole Kings Of New Orleans"
Various Artists	"Desert Blues 2 — Rêves D'Oasis"
Various Artists	"The Red Bird Story"

All-time top 50
(submitted to Rolling Stone® in 2005)

アメリカのローリング・ストーン誌は2005年に「史上最高のアルバム500枚」という特別号を出版しました。その数カ月前にぼくのところに、何の説明もなく投票用紙が届き、1位から50位までの自分のオール・タイム・ベストを書き込むように、という指示が書いてありました。出来上がった本が送られてきたら巻末の選者リストの中に確かにぼくの名前も入っています。大変光栄に思いましたが、何がきっかけで混ぜてもらえたのかいまだに不明です。

下記のURLで総合ランキングを見ることができます。そしてぼくの50枚はこちらです。因みに枚数が少ないので各アーティストにつき1枚のみというルールを自分で決めました。

15年後の今、同じような依頼が来たら入るものも入らないものもあるし、順位はかなり違うと思いますが……。

https://www.rollingstone.com/music/music-lists/500-greatest-albums-of-all-time-156826/outkast-aquemini-2-155441/

No	Artists	Title
1	Muddy Waters	"The Best of Muddy Waters"
2	Marvin Gaye	"What's Going On"
3	Donny Hathaway	"Live"
4	Jaco Pastorius	"Jaco Pastorius"
5	Miles Davis	"In A Silent Way"
6	Bob Dylan	"Highway 61 Revisited"
7	Professor Longhair	"New Orleans Piano"
8	Dr. John	"Gris Gris"
9	Little Feat	"Dixie Chicken"
10	Taj Mahal	"Music Fuh Ya' (Musica Para Tu)"
11	War	"The World Is A Ghetto"
12	Fairport Convention	"Unhalfbricking"
13	The Beatles	"Revolver"
14	The Band	"Music From Big Pink"
15	Van Morrison	"Moondance"
16	The Wailers	"Catch A Fire"
17	Toumani Diabaté	"Kaira"
18	Ian Dury	"New Boots And Panties"

19	Cassandra Wilson	"New Moon Daughter"
20	Robert Johnson	"King Of The Delta Blues Singers Vol. 1"
21	James Brown	"Star Time"
22	Ray Charles	"The Birth Of Soul – The Complete Atlantic Rhythm & Blues Recordings 1952-1959"
23	Sam Cooke	"The Man Who Invented Soul"
24	Chuck Berry	"The Chess Box"
25	Elvis Costello	"My Aim Is True"
26	The Paul Butterfield Blues Band	"The Paul Butterfield Blues Band"
27	Grateful Dead	"Live / Dead"
28	John Coltrane	"Live At The Village Vanguard"
29	Penguin Cafe Orchestra	"Penguin Cafe Orchestra"
30	Salif Keita	"Moffou"
31	Ry Cooder	"Into The Purple Valley"
32	The Rolling Stones	"Exile On Main Street"
33	The Lovin' Spoonful	"Do You Believe In Magic"
34	Specials	"Specials"
35	Various Artists	"The Harder They Come (Original Soundtrack Recording)"
36	Stevie Wonder	"Innervisions"
37	Curtis Mayfield	"Superfly (The Original Motion Picture Soundtrack)"
38	Bobby Charles	"Bobby Charles"
39	Santana	"Abraxas"
40	Bonnie Raitt	"Give It Up"
41	Maceo Parker	"Mo' Roots"
42	Talking Heads	"Remain In Light"
43	Linton Kwesi Johnson	"Making History"
44	Sly & The Family Stone	"There's A Riot Goin' On"
45	Gavin Bryars	"Jesus' Blood Never Failed Me Yet"
46	Holger Czukay	"Movies"
47	Bruce Springsteen	"The Wild, The Innocent & The E Street Shuffle"
48	Marc Ribot Y Los Cubanos Postizos	"Marc Ribot Y Los Cubanos Postizos (The Prosthetic Cubans)"
49	Olu Dara	"In The World – From Natchez To New York"
50	Full Moon	"Full Moon"

あとがき

　この本の編集作業がほぼ終わったところで、タイトルはまだ決まっていませんでした。ARBANのサイトで連載したコラムの「僕がどうしても手放せない21世紀の愛聴盤」は副題にはいいとしても、何かもうちょっとパンチのあるタイトルはないかな、と悩んでいました。それが、本を企画してくれた浅香さんとの最後のミーティングの日の朝いちばんに、突然思いついたのです。

　「Taking Stock」。これは「在庫管理」といった意味の表現です。Taking stock of ….といえば状況を振り返りつつ、散在する色々な要素を整理するようなニュアンスで、stock takingといえば小売業の用語「棚卸し」です。ぼくは日本に来る直前に働いていたレコード店で2回棚卸しをしましたが、在庫を片っ端から確認して、とっておくべきものとレコード会社に返品すべきものを判断するわけで、終わったらすっきりしたものです。

　この本のコンテクストでいうTaking Stockは、この20年の間に個人的に聴いて楽しんだ多数のアルバムの中から特に記録を残したいものを集めたという意味なので、ちょうどいいタイトルのように思います。

　愛聴盤にあげているアルバムの中にはアフリカン・アメリカンのミュージシャンによる作品が数多く含まれています。このあとがきを書いている時点でBlack Lives Matterの運動が盛り上がって

います。ミネアポリスで黒人の男性ジョージ・フロイドが白人の警官に殺された事件がきっかけで今の事態に発展しているのですが、アメリカの人種問題は言うまでもなく奴隷制度に遡るもので、奴隷解放後に制定された多くの法律が白人優位の社会を目指していることは、ドキュメンタリー映画「13th」（Netflix 制作、YouTube でも日本語字幕つきで視聴可能）を観ればはっきりと分かります。おそらく観ているうちに怒りがこみ上げてくるかも知れません。全く許しがたい負の歴史です。

　しかし、大変皮肉なことに、今やポピュラー音楽の古典となっているスピリチュアル、ブルーズ、ジャズ、ゴスペル、リズム・アンド・ブルーズ、ソウル、ファンクなど、あるいはレゲエ、カリプソ、アフロ・キューバンなどのカリブ海の音楽もその負の歴史なしには生まれなかったものです。

　もちろんあんな人道を外れたことを繰り返してはなりません。アメリカの法制度が改善されることを祈ります。そのプロセスにはそうとう時間がかかりそうですが、それに向けてアフリカ系の人々の苦労から生まれた音楽を、歴史の意識を持って聴きなおすことも有意義なことだと思います。

2020年7月
ピーター・バラカン

ピーター・バラカン
Peter Barakan

1951年ロンドン生まれ。ロンドン大学日本語学科を卒業後、1974年、音楽出版社で著作権関係の仕事に就くため来日。80年代にはYMOとそのメンバーの海外コーディネイションを担当。

84年から3年半、TBSテレビのミュージック・ヴィデオ番組『ザ・ポッパーズMTV』の司会を務めた。

現在はフリーランスのブロードキャスターとして活動し、『ウィークエンド・サンシャイン』(NHK-FM)、『バラカン・ビート』(Inter FM)、『ライフスタイル・ミュージアム』(Tokyo FM)、『ジャパノロジー・プラス』(NHK BS1、NHK World)などの番組を担当している。

また、2014年から毎年音楽フェスティヴァル『Peter Barakan's Live Magic！』のキュレイターを務め、内外の素晴らしいミュージシャンを紹介している。

おもな著書に『ロックの英詞を読む──世界を変える歌』『ピーター・バラカン音楽日記』(集英社インターナショナル)、『ピーター・バラカンのわが青春のサウンドトラック』(光文社知恵の森文庫)、『ラジオのこちら側で』(岩波新書)、『新版 魂(ソウル)のゆくえ』(アルテスパブリッシング)がある。

テイキング・ストック
ぼくがどうしても手放せない 21 世紀の愛聴盤

2020 年 8 月 15 日　初版発行
2022 年 8 月 10 日　第 4 刷発行

著　者　ピーター・バラカン
発行者　井上弘治
発行所　**駒草出版**　株式会社ダンク出版事業部
〒 110-0016
東京都台東区台東 1-7-1　邦洋秋葉原ビル 2 階
TEL 03-3834-9087
FAX 03-3834-4508
https://www.komakusa-pub.jp/

特別協力　ARBAN（株式会社ヴィジュアルノーツ）
編集協力　株式会社ひとま舎
デザイン　荻窪裕司
印刷・製本　シナノ印刷株式会社